RÉPUBLIQUE FRANÇAISE

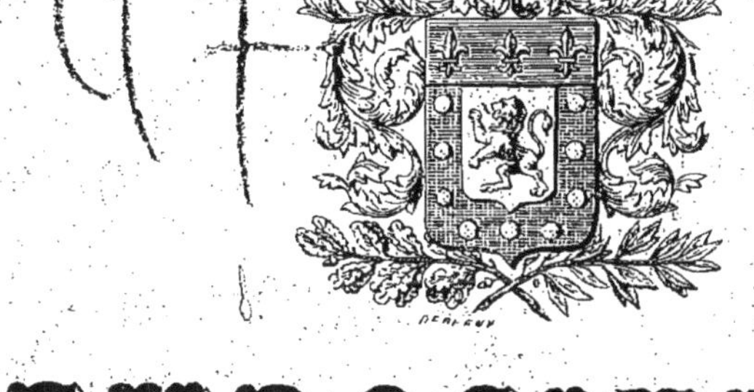

EXPOSITION

INDUSTRIELLE, COMMERCIALE

ET DES BEAUX-ARTS

Sous le Haut Patronage de MM. les Ministres du Commerce,
de l'Industrie, de l'Agriculture,
du Département et de la Municipalité

POITIERS

JUIN-AOUT 1899

Catalogue Officiel

VILLE DE POITIERS

EXPOSITION INDUSTRIELLE

Commerciale et des Beaux-Arts

JUIN-AOUT 1899

Sous le haut patronage de MM. les Ministres du Commerce
de l'Industrie, de l'Agriculture,
du Département et de la Municipalité

COMITÉ D'HONNEUR ET DE PATRONAGE

Présidents d'Honneur

MM. LE MINISTRE DU COMMERCE ET DE L'INDUSTRIE.
LE MINISTRE DE L'AGRICULTURE.
Gaston JOLIET (O. ✳ I. ⬧), Préfet de la Vienne.

Président

M. GIRARDIN (O. I. ⬧), Maire de la Ville de Poitiers.

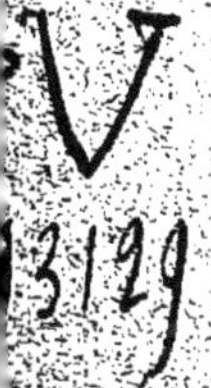

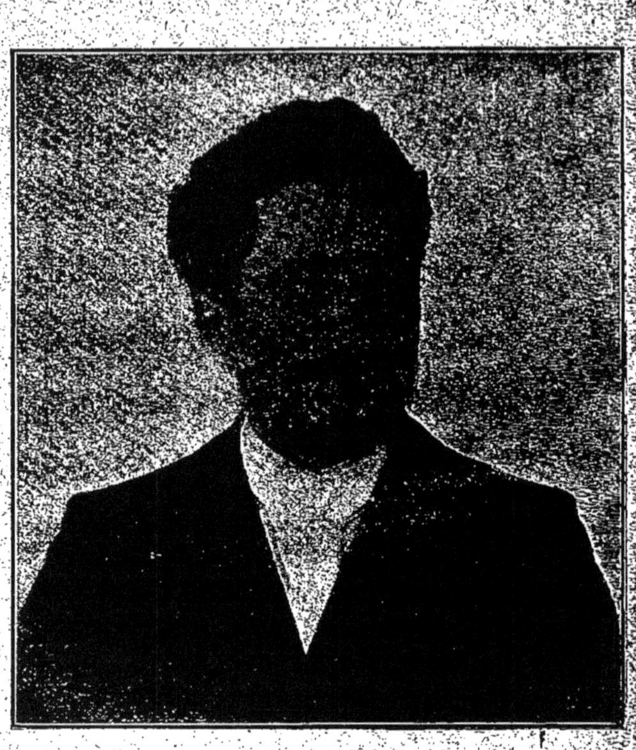

M. A. GIRARD
Commissaire-Général de l'Exposition de Poitiers

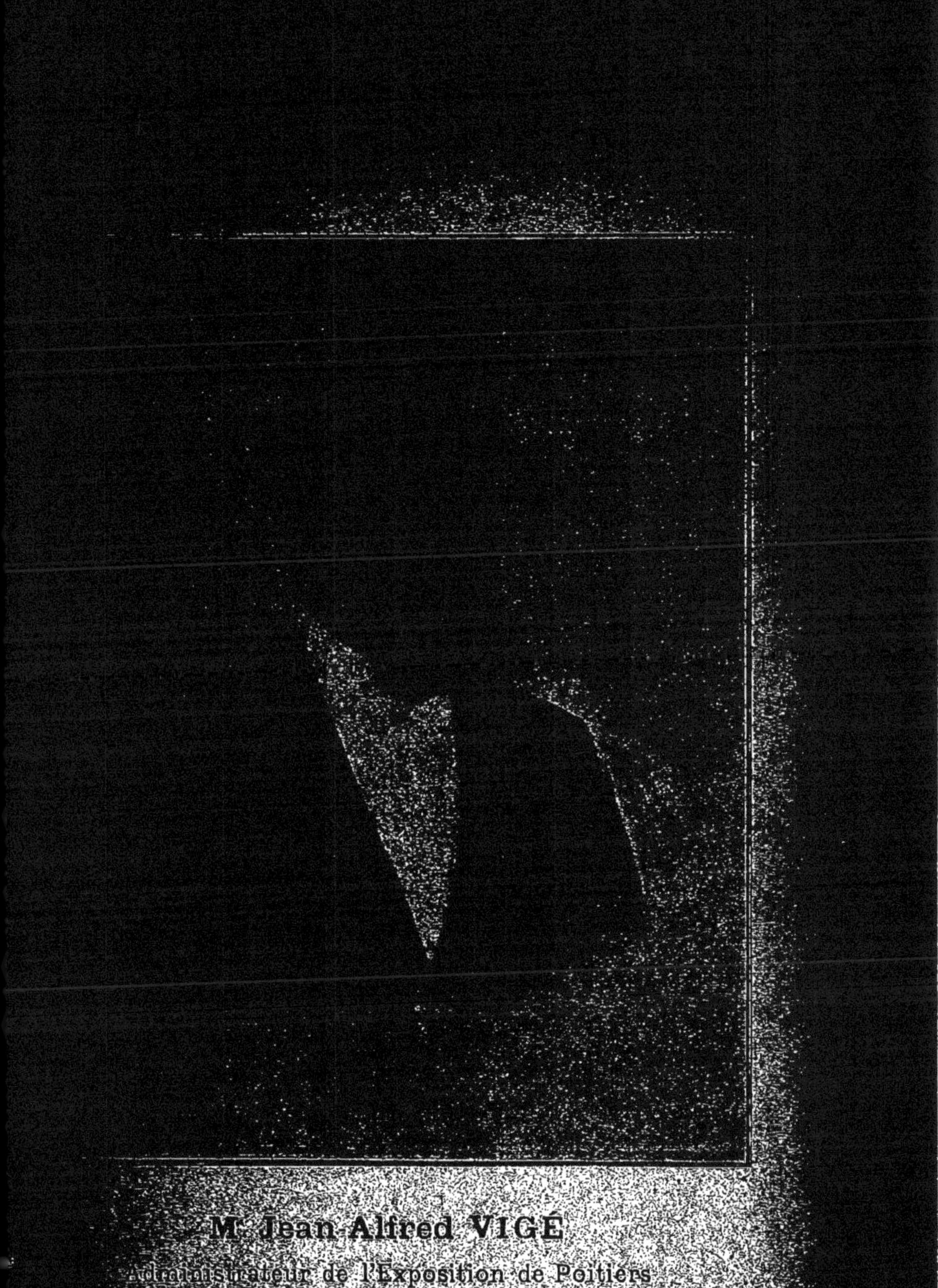

Mr Jean-Alfred VIGÉ

Administrateur de l'Exposition de Poitiers

COMITÉ D'HONNEUR ET DE PATRONAGE

MM.

LE MINISTRE DE L'AGRICULTURE.
LE MINISTRE DU COMMERCE ET DE L'INDUSTRIE.
THEZARD, Sénateur (I, ☻).
COUTEAUX, Sénateur.
SALOMON, Sénateur,
BAZILLE (✻), Député, conseiller général.
DUPUYTREM, Député, conseiller général.
DUVAU (A ☻), Député, conseiller général.
RIDOUARD, Député.
PAIN, Député.
Le baron DEMARÇAY, député.
LOISEAU (O. ✻, Premier Président de la Cour d'appel de
   Poitiers.
Gaston JOLIET (O ✻, I ☻), Préfet de la Vienne.
VUILLEMENOT (C. ✻). Général commandant d'armes.
DEMAISTRE (O ✻), Général commandant l'artillerie.
CONS (✻, I. ☻), Recteur de l'Académie de Poitiers.
CHAMONTIN (☙), Procureur Général.
HERAULT (✻) Président du Conseil général de la Vienne.
FONTANT, Président du Tribunal civil de Poitiers.
GUIMBAUD (✻), Président du Tribunal de commerce de
   Poitiers.
LECOURTOIS (I. ☻), Doyen de la Faculté de Droit.
GARBE (I ☻), Doyen de la Faculté des Sciences.
LEBON, négociant, à Poitiers.
HILD (I. ☻), Doyen de la Faculté des lettres.
CHEDEVERGNE (✻), Directeur de l'Ecole de Médecine.

R. P. DELACROIX (✽), conservateur du musée des anti-
    quaires de l'Ouest.
HAMBIS (✽), Manufacturier, Membre de la Chambre con-
    sultative des arts et manufactures de Poitiers, Conseiller
    Général et Maire de Ligugé.
DUBRŒUCQ, manufacturier, boulevard du Grand-Cerf.
NIVEAUX-LEGER, négociant Grand'rue.
ROUCHIER (Maurice), fabricant de biscuits, rue Gambetta.
PUY (A. O), Directeur de la Pharmacie Centrale Place
    d'Armes.
IATOWSKI, manufacturier, boulevard Jeanne d'Arc.
OGIER, Droguerie, Produits chimiques, rue des Basses
    Treilles.
POULET fils, manufacturier, rue St-Porchaire.
BEUCHER-FOUCHER, manufacturier, boulevard du Grand-
    Cerf.
GUILLEMINOT, brasseur, rue du Pont-Neuf.
SALLE, négociant en cuirs, rue Riffault.
GRIL, carrossier, rue Carnot.
TIRRIBILLOT, industriel à Paris.
BAZOUGE, fabricant d'eaux minérales à Poitiers.
Docteur GUILLON, Conseiller général.
ALLA et PIRLOT, fournisseurs du ministère de la guerre
    et de la marine.
BEAU (L.), Editeur des Chemins de Croix, à Paris.
BERTIN, Conseiller municipal, Président du conseil des
    Prud'hommes, Poitiers.
Dr BEURNIER, Officier de l'Instruction Publique, chirur-
    gien des Hôpitaux de Paris, Membre des Comités et du
    Jury de Lyon, Bordeaux, Amsterdam, Rouen, etc., mé-
    decin de l'Exposition de 1900.
BLANCHARD, directeur de l'Association ouvrière des tail-
    leurs de pierres et maçons à Poitiers.
BLONDEL (A.), 53, rue de l'Echiquier, Paris, Chevalier de
    la Légion d'honneur, Officier d'Académie, N. G., Membre

du Comité et du Jury aux expositions de Toronto et Rochefort 1898 ; Vice-Président du Salon Parisien.

BODARD, facteur-mandataire, Agréé près le Tribunal de commerce de Paris. Membre du Jury.

BOGNIER (A.), de la maison A. Bognier et G. Burnet, articles en caoutchouc pour l'hygiène et l'industrie, Paris.

CARDE, Ingénieur-Constructeur à Bordeaux, Chevalier de l'Ordre d'Isabelle-la-Catholique.

CHAMPIGNEULLE (Ch. ❀), Peintre Verrier à Paris, Membre des Comités de 1900.

CHEVRIER, Secrétaire du Salon Parisien.

COINTREAU (❀, ❀), distillateur à Angers, Membre des Jurys aux Expositions ; Rapporteur du Jury, Bruxelles 1897; Président du Comité départemental à l'Exposition de 1900.

COLAS (Albert), Officier d'Académie, distillateur, 1, place Jussieu, Paris.

COULON (Anatole ✠), Membre des Jurys aux Expositions de : Lyon, Amsterdam, Angers, Bordeaux, Rouen, Bruxelles, Rochefort, Membre des Comités de 1900.

CROUZET-HILDEBRAN, Fondeur de cloches à Paris et à Louviers.

DAIX (V.), Chevalier de la Légion d'honneur, Ingénieur des Mines, 72, rue Louis-Blanc, Paris.

DEBERTRAND (A. ❀, ✠), Membre des Comités de 1900 ; Membre des Jurys aux Expositions; Président du Jury de Dijon 1898.

DEMARIA, Officier d'Académie, Vice-Président de la Chambre syndicale photographique de Paris.

DERNEVILLE, Président de la Société-royale de Pharmacie de Bruxelles, Président de la Chambre syndicale des pharmaciens.

DUMONT, Membre du Jury, Rochefort, 1898.

DUPONT, Chevalier du Mérite Agricole. Officier d'Académie, Secrétaire général de l'Association des Chimistes.

DURIF (Antoine), Officier d'Académie, Fabricant de papiers, Membre des Comités et Jurys aux Expositions, Membre de la Commission de l'Exposition de 1900. Maire de Pont-et-Marais (Seine-Inférieure) à Gisors (Eure).

DUVELLEROY (✸), Officier d'Académie, Fabricant d'éventails, Président de la chambre syndicale des Fabricants d'éventails, Membre du Jury aux Expositions, 17, passage des Panoramas, Paris.

FAVRAUD, Distillateur, Chevalier du Mérite Agricole, Vice-président du Conseil d'arrondissement de Jarnac.

Docteur FOVEAU DE COURMELLES (❂), Membre du Jury, Paris 1896.

FRANÇAIS, matériel pour photographie, Paris.

GALIMARD, Membre du jury de l'exposition de Dijon 1898, rapporteur des jurys aux expositions.

GASQUET (Henri), Administrateur délégué de la Société française de matériel agricole et industriel, à Vierzon (Cher), Chevalier du Mérite agricole, Membre du Jury, Rouen 1896, Dijon 1898.

GASTINE, appareils photographiques, Membre du Comité de 1900, Paris.

GÉNY (Clément), Fabricant d'appareils et objets pour pansements, Hygiène de l'enfance, Administrateur de la Caisse des Ecoles du 1er arrondissement, médaillé aux Expositions Etrangères, 31, rue des Lombards, Paris.

Dr GENDRON, Grand-Prix de l'Exposition Universelle de Bruxelles, 1897, Membre du Jury.

GUILBERT MARTIN (✸ ❂ ✹✹✹), Membre des Comités de 1900, fabricant d'émaux à Saint-Denis.

GUILLON (Armand), conseiller municipal, secrétaire général de la Bourse du travail.

HANOTEAU (H. ✹✹), Société du Val d'Osne, Statues Religieuses en fonte.

HARANT (❂), président de la Chambre syndicale de la Céramique et de la Verrerie.

HERVÉ, de la Maison Hervé et Moulin, de Bordeaux, Officier du Mérite agricole, Constructeur d'appareils à distiller.

HERMAGIS, appareils photographiques, Paris.

HILAIRET, manufacturier.

JACQUIER (A. ✳), Président de l'Union des Syndicats et Industries appliqués au Culte et aux Edifices Religieux, Membre des Comités de 1900, Président du Comité des Arts Religieux à l'Exposition de Bruxelles 1897, Membre du Jury.

Docteur JAMIN (✳✳✳ ○), Membres des Comités de 1900; Président de la Société médicale du IXe arrondissement de Paris; Vice-Président du Syndicat des médecins de la Seine; Membre du Jury.

JOUISSE, pharmacien, à Orléans.

LARUE (Paul), Secrétaire du Salon Parisien, Ornemaniste, 86, rue Lecourbe, Paris.

LEMAITRE, Carrossier, Membre de la Chambre et du Tribunal de Commerce d'Alençon.

Docteur LEPAGE (○), à Orléans, Membre des Comités de 1900, Membre du Conseil d'hygiène, Secrétaire du Jury à l'Exposition de Rochefort 1898.

LEPRINCE (D.), Officier d'Académie, Fabricant de boutons. Vice-Président de la Chambre syndicale de la Passementerie, Boutons, Mercerie et Rubans, Membre du Comité aux Expositions, 4, rue de Cléry, Paris.

LEPRINCE, Officier d'Académie, produits pharmaceutiques Paris.

LEVILLAIN, fils aîné, distillateur, 15, rue Herbier, Rouen, Membre du Jury, Bruxelles 1897, diplômes d'honneur et hors concours. Moscou 1891, Membre des Comités et du jury, Rouen 1896.

LEVY (Adolphe), Fabricant de corsets, Président des Fabricants de corsets au détail, Vice-Président du Salon Parisien, 9, rue Edouard-Detaille, Paris.

LHÉRITIER, de la Maison Lhéritier et Cie, industriel à la Plaine-St-Denis, Membre du Jury, Rochefort 1898, Vice-Président du Salon Parisien.

MAGNARD et Cie, fondeurs à Fourchambault (Nièvre).

MAITRE (Auguste), directeur de l'Association des menuisiers et charpentiers.

MASCURAUD (Alfred), Officier de la Légion d'Honneur, Officier d'Académie, Fabricant d'Ornements pour modes, Vice-Président du Syndicat Général du Commerce et de l'Industrie, Président de la Chambre syndicale de la Bijouterie imitation et des industries qui s'y rattachent, Membre des Comités et du Jury aux Expositions, Membre des Comités d'admission à l'Exposition de 1900, 8, rue du Général-Morin, Paris.

MAZURE (I), industriel, à Puteaux.

MENDEL, fabricant d'appareils photographiques à Paris.

MERKLIN (J. ✳ C ✳✳✳✳), fabricant d'Orgues à Paris.

MORIN, fabricant de bas-varices, à Paris, membre du Jury de Dijon, 1898.

MURE (Clément), BOUQUET, Membres des Jurys de Rouen 1896 et Rochefort 1898.

MUS (J.-B.), Propriétaire-viticulteur à Saint-Geniès-des-Mourgues, Membre du Jury, Rochefort, 1898.

OLLIVIER, Maison DELETTREZ, Membre du Comité de Toronto 1898.

PATÉ, de la maison Brion, Paté, Burke et Cie.

PELLISSON, négociant à Cognac, de la maison Pellisson père et Cie.

PERRAULT (E.), Chevalier du mérite agricole, château de Meigné, par Montreuil-Bellay, président du Conseil d'arrondissement de Saumur à l'Exposition de 1900.

PICON (H.). Chevalier de la Légion d'honneur, distillateur à Bordeaux, membre du jury, Bordeaux 1895, Rouen 1896.

RADIGUET (I), Sciences.

Dr RANWEZ, Chevalier de l'ordre de Léopold II, professeur à l'Université de Louvain (Belgique).

REEB (H.), Produits Photographiques.

ROBERT (E.), inventeur du *Biberon Robert*, Paris.

ROGER, de la maison Muller et Roger, ingénieur des Arts
et Manufactures, Paris.

ROTIVAL (Jules), Directeur et Président du Conseil d'Administration de la Compagnie des Wagons-Réservoirs,
Président du Salon Parisien, 83, rue La Fayette.

SAUDINOS-RITOURET, Éditeur de Statues religieuses et
Objets de piété à Paris.

Maison SEGUIN, 106, rue Croix-de-Seguey, à Bordeaux,
Membre du Comité départemental de la Gironde à l'Exposition Universelle de 1900.

TAFFONNEAU (Albert-Joseph), Fabricant de fantaisies
pour modes, Vice-président de la Chambre syndicale des
fantaisies pour modes, Notable commerçant, 5, rue d'Hauteville, Paris.

ZARSKI, artiste photographe, 68, boulevard de la Liberté,
Lille; membre du jury, Rochefort 1898.

WEIL, Trésorier du Salon Parisien.

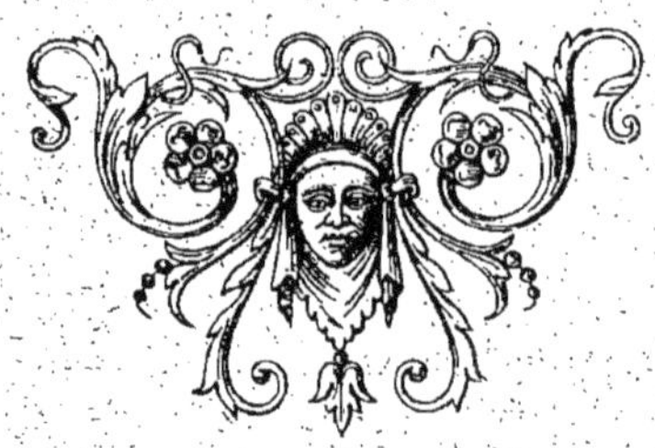

RÈGLEMENT GÉNÉRAL

ARTICLE PREMIER. — Une Exposition Internationale, Industrielle et Commerciale, placée sous le patronage des Ministres du Commerce et de l'Industrie, du Département, et de la Municipalité, aura lieu à Poitiers du 1er juin 1899 au 15 août 1899. Elle pourra être prolongée et sera tenue sur le champ de la Madeleine.

ART. 2. — Des fêtes auront lieu dans l'enceinte de l'Exposition, en vue d'en rehausser l'éclat et d'accroître le nombre des visiteurs.

ART. 3. — Sont admis : tous les produits du Commerce, de l'Industrie, de l'Agriculture et des Beaux-Arts.

Les exposants seront divisés en deux catégories : 1º les fabricants ou producteurs; 2º les industriels exposant des produits non-fabriqués par eux.

ART. 4. — Tout produit exposé est engagé pour la durée de l'Exposition et ne pourra être retiré qu'avec une autorisation de l'Administration.

Le droit de vente et d'enlèvement des produits fabriqués sur place sera l'objet d'une réglementation spéciale et de redevances à déterminer.

ART. 5. — Aucun produit exposé ne peut être dessiné, copié ou reproduit, sous une forme quelconque, sans une autorisation écrite de l'Exposant. L'Administration se réserve toutefois le droit d'autoriser la reproduction des vues d'ensemble.

La publicité par voie d'affiches, prospectus, etc., ne pourra être faite dans l'Exposition sans autorisation préalable.

ART. 6. — Les mesures nécessaires seront prises pour préserver les objets exposés de toute avarie et une surveillance active sera exercée : mais l'Administration ne sera en aucun cas responsable des incendies, accidents, pertes ou dommages, quelle qu'en soit la cause ou l'importance.

Les Exposants devront assurer leurs produits ; dans le cas contraire, ils le seront d'office par l'Administration.

ART. 7. — Sont exclues de l'Exposition : toutes les matières détonantes, fulminantes, ou jugées dangereuses et de nature à incommoder le public.

ART. 8. — Les produits à exposer devront être adressés franco de tous frais au siège de l'Exposition. Les Compagnies de chemins de fer accordant une réduction de 5o o/o sur le transport des produits destinés à l'Exposition, les Exposants désireux de profiter de cette réduction devront se conformer aux dits tarifs.

ART. 9. — Les produits susceptibles de s'avarier ou ne se conservant pas pourront être exposés à l'état factice ou d'imitation : ceux destinés au Jury devront être expédiés à la date qui sera fixée par l'Administration.

ART. 10. — L'Exposition sera constituée en entrepôt réel; en conséquence les produits de l'étranger seront affranchis des droits de douane à la condition d'être réexpédiés à leur lieu d'origine.

ART. 11. — L'Administration prend à sa charge les frais d'installation des galeries et de l'ensemble de l'Exposition, laissant aux Exposants le soin et les frais de leurs tables, gradins, vitrines et installations particulières. Elle se réserve le droit de rejeter ou de modifier aux frais des Exposants toute installation particulière qui ne lui paraîtrait pas compatible avec les convenances générales de l'Exposition.

Les Exposants qui désireraient avoir des gradins ou vitrines en location pourront en faire la demande au Concessionnaire agréé par l'Administration.

Art. 12. — En compensation des frais qui lui incombent, l'Administration prélèvera, sur chaque Exposant, pour l'admission de ses produits à l'Exposition, une rétribution établie dans les conditions suivantes :

Un droit fixe de **15** francs pour inscription de la demande et en échange du certificat d'admission ;

Un droit proportionnel par mètre carré de surface, applicable à tous les Exposants et fixé ainsi qu'il suit :

Dans les bâtiments de l'Exposition :

a, surface horizontale (1 mètre de profondeur donnant droit à 3^m de hauteur), le mètre...F.   »   »

b, surface murale, le mètre carré..............   »   »

   Emplacements à l'air libre :

c, avec faculté d'élever des constructions, le mètre carré.........................F.   »   »

d, sans faculté d'élever des constructions, le mètre carré.........................   »   »

Les produits n'occupant qu'un espace restreint (liquides, etc.) pourront, sur la demande des Exposants, être installés sur des gradins spéciaux fournis par l'Administration, et paieront pour l'emplacement et l'installation un droit de 30 francs jusqu'à un demi-mètre.

Un tarif spécial sera appliqué aux concessionnaires de théâtres, spectacles divers et aux industries ou commerces quelconques.

Les Exposants qui désireront des emplacements isolés ou à plusieurs faces devront le mentionner sur la demande d'admission.

Art. 13. — Le recouvrement des taxes d'emplacement sera fait par l'Administration qui, à défaut de paiement, se réserve de prendre toutes mesures qu'elle jugera utiles à la défense de ses intérêts et sans aucune formalité judiciaire. Aucun exposant ne sera autorisé à céder tout ou partie de l'emplacement qui lui aura été alloué, ou à permettre l'exposition d'autres objets que les siens, sauf autorisation écrite de l'Administration.

L'emplacement sera dû par l'Exposant lors même que, pour une cause quelconque, il ne l'occuperait pas.

Art. 14. — L'emplacement sera gratuit dans la section des Beaux-Arts : Peinture, Aquarelle, Gravure et Sculpture ; néanmoins les frais de déballage, réemballage et autres seront à la charge des Exposants.

Art. 15. — L'eau, le gaz ou la force motrice nécessaires aux Exposants leur seront fournis sur leur demande et à leurs frais ; ils devront donner toutes les indications utiles à cet effet sur leur demande d'admission.

Art. 16. — Le Jury d'examen sera international et composé des représentants les plus autorisés de l'Industrie, du Commerce et des Arts, et agréé par la Commission Municipale ; il sera formé moitié par la Commission municipale, moitié par les exposants.

Ce Jury s'entourera de toutes les garanties qu'il jugera nécessaires à l'accomplissement de sa tâche. Il aura toujours le droit d'exclure du concours tout Exposant qui aurait tenté de surprendre sa bonne foi.

Art. 17. — Les récompenses à décerner par le Jury consisteront en : Diplômes de Grand Prix, Diplômes d'Honneur, de Médailles d'Or, de Vermeil, d'Argent, de Bronze, de Mention Honorable. Plusieurs médailles offertes par les Ministres et Donateurs seront mises à la disposition du Jury par la Commission municipale de l'Exposition.

Art. 18. — Le Jury appréciera la part que les ouvriers ou employés pourront avoir dans les progrès constatés ; ils seront compris, s'il y a lieu, et sur la demande des Exposants, dans la liste des récompenses.

Art. 19. — La distribution des récompenses aura lieu, autant que possible, avant la clôture de l'Exposition. Le plus grand éclat sera donné à cette solennité et la plus grande publicité au programme des récompenses.

— 18 —

Art. 20. — A la clôture de l'Exposition, l'Exposant ou son représentant devra faire enlever les produits exposés dans un délai de quinze jours, faute de quoi ses produits seront déposés en magasin, à ses frais, risques et périls, et sans aucune responsabilité pour l'Administration.

Art. 21. — L'Administration éditera un Catalogue officiel contenant la description complète de tous les produits exposés, ainsi que les noms des Exposants.

Art. 22. — Une carte d'entrée permanente sera délivrée à chaque Exposant ou à son Représentant; cette carte sera rigoureusement personnelle.

Art. 23. — Les règlements relatifs au maintien de l'ordre, à la surveillance et à la bonne marche de l'Exposition en général, seront toujours publiés par voie d'affiches dans l'enceinte de l'Exposition : dès ce moment, les intéressés auront à s'y conformer.

Art. 24. — En cas de désaccord entre l'exposant et l'Administration, le différend sera soumis à l'arbitrage de la Commission Municipale. Les Exposants n'auront en aucun cas, et pour quelque motif que ce soit, recours contre la Ville.

Art. 25. — La signature du Bulletin de demande d'admission entraîne pour l'Exposant l'obligation de se conformer au présent Règlement ainsi qu'à toutes les mesures d'ordre qui pourraient être prises ultérieurement.

Fait à Poitiers, en l'Hôtel-de-Ville, le 4 mars 1899.

Le Président de la Commission Municipale :
L. BOBIN

Le Directeur Général de l'Exposition :
V. SURREAUX (A. ❀)

Vu et approuvé :
Le Maire de Poitiers,
A. GIRARDIN (I. ❀)

CLASSIFICATION GÉNÉRALE

DES OBJETS EXPOSÉS

GROUPE I. — Art moderne. — Art ancien. — Enseignement. — Beaux-Arts : Peinture. — Aquarelle. — Gravure. — Sculpture.

GROUPE II. — Imprimerie. — Librairie. — Papeterie. — Reliure. — Matériel de bureau et dessin. — Revues et journaux professionnels, etc.

GROUPE III. — Photographie. — Photographes professionnels. — Photographes amateurs. — Clichés. — Epreuves de photographie sur papier, sur verre, sur bois, sur étoffes, sur émail. — Photochromie, Phototypie, Photogravures, etc. — Reproductions artistiques et industrielles. — Appareils, instruments, matériel et fournitures générales de photographie, etc.

GROUPE IV. — Instruments d'optique, de précision et scientifiques. — Horlogerie. — Joaillerie. — Orfèvrerie. — Bijouterie fine et fantaisie, etc.

GROUPE V. — Instruments de musique à vent, à cordes. — Editions. — Partitions, etc.

GROUPE VI. — Céramique. — Emaux. — Cristaux. — Verrerie, vitraux, etc.

GROUPE VII. — Dessin en général. — Application du dessin et de la plastique. — Modelage. — Marbrerie et sculpture décorative. — Mosaïque. — Métaux ornés, repoussés et gravés. — Bronzes d'art, etc.

GROUPE VIII. — Médecine et chirurgie. — Hygiène générale. — Médecine vétérinaire. — Prothèse dentaire. — Orthopédie. — Hydrothérapie, etc.

GROUPE IX. — Agronomie, machines et produits agricoles. — Engrais divers, etc.

GROUPE X. — Zootechnie. — Apiculture. — Sériciculture. — Agriculture. — Pisciculture. — Ostréiculture. — Pêche. — Chasse, etc.

GROUPE XI. — Viticulture, vinification, œnologie.

GROUPE XII. — Serres et matériel horticole. — Fleurs naturelles et bouquets. — Graines et plantes ornementales et agricoles. — Fruits de potager et verger, légumes.

GROUPE XIII. — Vins rouges et blancs, vins de liqueur, vins cuits, vins mousseux.

GROUPE XIV. — Eaux-de-vie de vin. — Autres eaux-de-vie. — Alcools. — Boissons spiritueuses. — Rhums. — Liqueurs. — Sirops.

GROUPE XV. — Bière. — Porter. — Cidres. — Poirés.

GROUPE XVI. — Produits farineux et leurs dérivés. — Boulangerie. — Biscuiterie. — Pâtisserie. — Charcuterie. — Conserves alimentaires. — Sucres et dérivés. — Chocolaterie. — Confiserie. — Laiterie. — Beurres et fromages. — Huiles comestibles. — Condiments et stimulants. — Cafés. — Chicorées. — Art culinaire.

GROUPE XVII. — Fils, laines, cotons, soieries, draperies, tissus. — Broderies. — Dentelles. — Passementeries. — Bonneterie. — Lingerie. — Vêtements. — Chaussures. — Objets de voyage et de campement. — Brosserie. — Chapellerie. — Cuirs bruts et ouvrés. — Fleurs artificielles, etc.

GROUPE XVIII. — Mobilier et ébénisterie. — Tentures.

— Tapisseries. — Literie. — Tabletterie. — Vannerie. — Articles de ménage et de cuisine. — Coutellerie. — Quincaillerie, etc.

GROUPE XIX. — Art religieux. — Chasublerie. — Couronnes. — Méditations. — Missels. — Cloches. — Ameublement d'églises. — Céramiques. — Statues. — Cierges. — Vitraux. — Oratoires. — Chemins de croix. — Fleurs. — Marbrerie. — Vins de Messe. — Vêtements ecclésiastiques. — Ornements d'églises et de chapelles, etc.

GROUPE XX. — Mines et carrières. — Minérais. — Combustibles. — Métallurgie du fer et des autres métaux.

GROUPE XXI. — Matériel des arts chimiques. — Eclairage et chauffage industriels. — Matériel de laboratoires, etc.

GROUPE XXII. — Produits chimiques bruts ou manufacturés. — Produits pharmaceutiques. — Eaux minérales.

GROUPE XXIII. — Mécanique générale. — Machines motrices. — Machines outils. — Mécanique appliquée et de précision. — Matériel de fabriques et usines, etc.

GROUPE XXIV. — Chemins de fer. — Poste. — Carrosserie. — Charronnage. — Bourrellerie. — Sellerie. — Tramways. — Vélocipèdes. — Voitures automobiles, et pièces accessoires.

GROUPE XXV. — Travaux publics. — Industries du bâtiment. — Architecture. — Matériel général et matériaux de construction. — Installations générales des hôtels et habitations.

GROUPE XXVI. — Navigation aérienne. — Art militaire. — Armurerie. — Sauvetage. — Gymnastique.

GROUPE XXVII. — Electricité et Magnétisme. — Etudes et applications. — Electricité industrielle. — Eclairage. — Traction électrique. — Electro-métallurgie. — Galvanoplastie. — Electrochimie. — Télégraphie. — Téléphonie. —

Signaux. — Électricité médicale. — Applications diverses.

GROUPE XXVIII. — Économie sociale. — Statistique et progrès obtenus au point de vue du bien-être des ouvriers dans les villes et les campagnes.

GROUPE XXIX. — Filtration des eaux : filtres de tous systèmes, destruction de microbes par les appareils filtrants ; filtrations de tous liquides industriels.

GROUPE XXX. — Appareils et procédés destinés à combattre les maladies de la vigne et des arbres fruitiers ; sujets présentés indemnes de parasites.

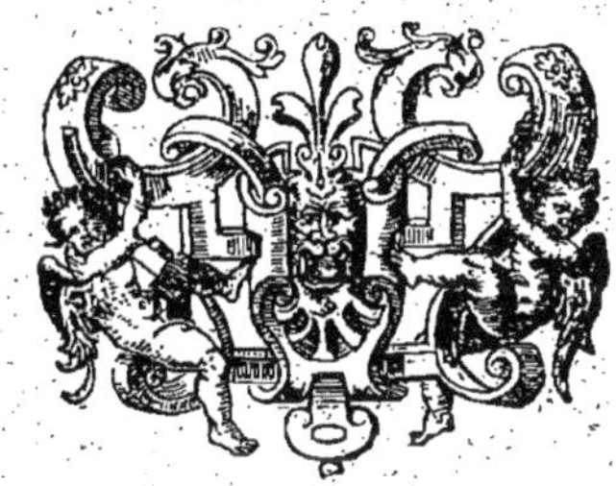

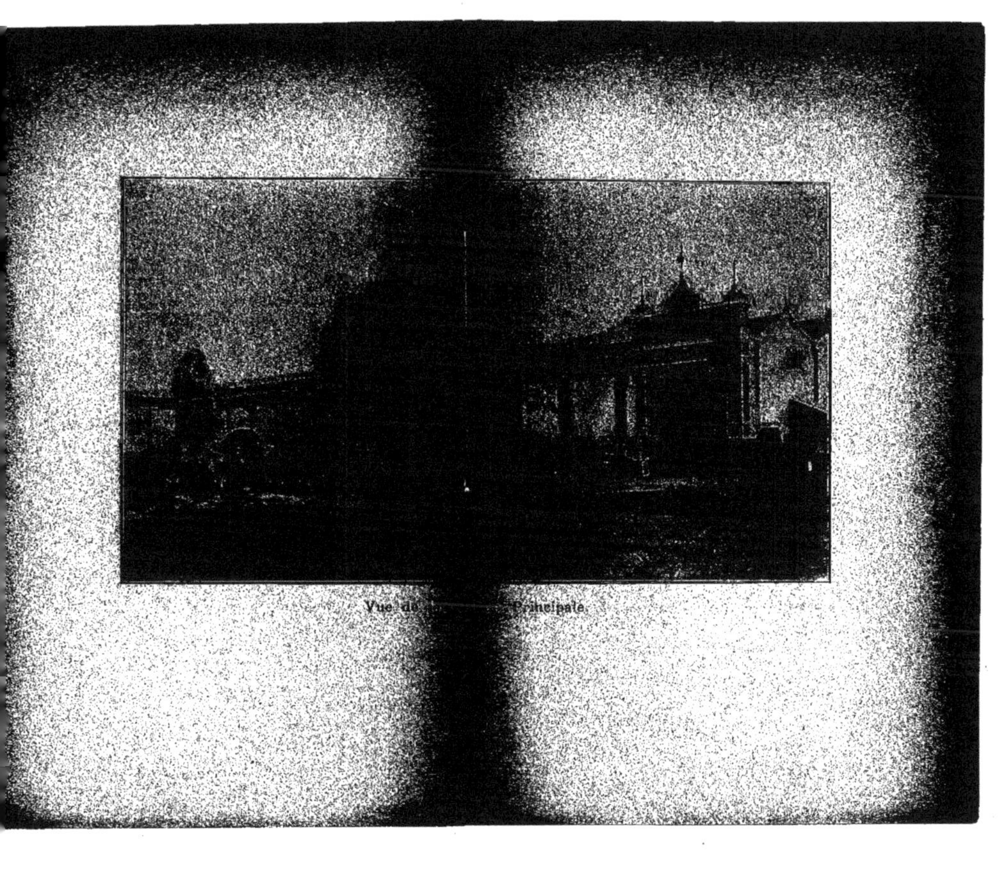

Vue de [illegible] Principale

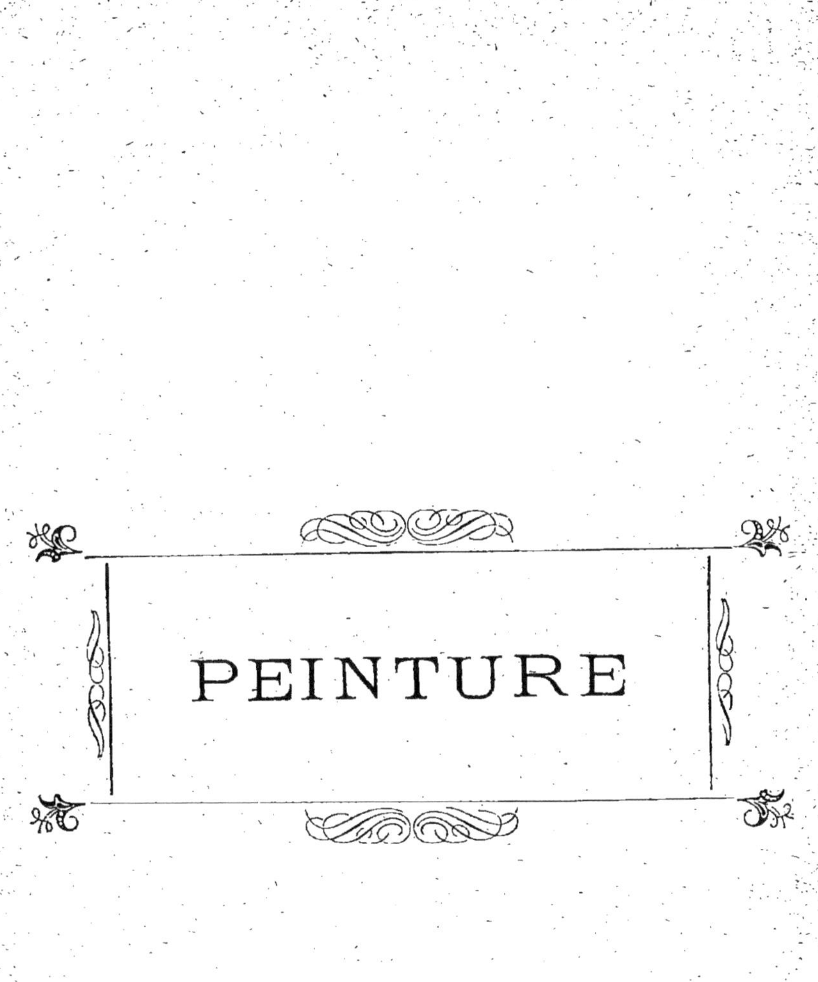

PEINTURE

SECTION DES BEAUX-ARTS

AUBERT (Alexandre) *187, allées de Bou-*
tant à Bordeaux.
Médaille d'honneur à Dijon. — Médaille
bronze, à Archachon.
10. — Marine (Aquarelle).

AUTEXIER (Antoine), *à Vendeuvre-du-Poi-*
tou (Vienne).
2. — Enfant de 7 ans, grandeur naturelle (pastel).
3. — Buste de femme (pastel).

ADENOT (Laurent), *à Givry près l'Orbise*
(S.-et-Oise).
4. — Le Prieur du couvent (peinture).
5. — Nature morte (peinture).

ARNAULT (Edouard), *grand'rue Château-*
neuf à Châtellerault.
6. — Portrait de mon père (crayon).
7. — Kiosque de la Promenade de Blossac.
Relevé géométral, à Châtellerault.

AUDRAS (IVAN), *25, quai de Bondy, Lyon.*
8. — Le Brennus en rade de Villefranche (aquarelle).
9. — La Villa de la Roche, à Monte-Carlo (aquarelle).

ALAUX (GUILLAUME), *31, boul. Berthier, Paris.*
9. — Un vieux philosophe.
7. — Antibes, soleil couchant.

ABBÉMA (LOUISE), *à Paris.*
1. — La Peinture (peinture).
2. — Les Soleils (peinture).
3. — L'Allée sous bois (aquarelle).

BECLARD.
436. — Portrait.
437. — Portrait.

BESSÈDE (H.), *à Castillon-sur-Dordogne (Gironde.)*
51. — Un Renard.
16. — Nature morte.

BENON (ARISTIDE), *route de Bordeaux, 23, Poitiers.*
39. — Les bords de la Boivre (Gouache).
40. — Nuit d'été en Forêt de Moulière (Gouache)
41. — Approches de l'orage (l'Averse) (Gouache).

BERBINEAU (VALENTINE), *8, cours du Jardin public, Bordeaux.*

44. — Les Grandes Marées (Le Verdon) (peinture).
45. — Pommes (peinture).

BÉCLARD.
436. — Portrait de M. G.
437. — Portrait de Mme G.

BADEL (Ed.), *6, rue Vieille-Prison, Châ-
teauroux.*
15. — Jeunes sapins au soleil couchant.
16. — Cimetière abandonné.

BEAUVOYS (Yvonne), *rue Bernier, 41,
Angers.*
32. — Vieux bouquins (peinture).
33. — La Baumette, à Angers (aquarelle).

BREVIÈRE (Charlotte), *rue du Séminaire,
Albi.*
69. — Adoration des Bergers.
70. — Adoration des Mages.

BÉDEL (Christine), *14, quai de Retz, Lyon.*
34. — Alsacienne (peinture).
35. — En 1830 (aquarelle).

BASILIO (Francisco), *Via Mercato Vecchio,
Palazzo Lloyd, à Trieste (Autriche).*
27. — Seul Confort (pastel).
31. — Moraccia (pastel).

BEUL (de Henri), *rue de Robiano, 9, Schaer-
beck, Bruxelles.*
32. — Vaches à l'abreuvoir.

BARENNES (Jacques), *rue Sansas, 17, Bordeaux.*

33. — Fonds de vallée (Pazadais) (peinture).

BILLON (Jeanne), *16, place Morand, Lyon.*

34. — Jeanne d'Arc enfant (peinture).

BARTHÉLEMY-RIGAUD, *54, rue Mazarine, Paris.*

35. — Deux tableaux (peinture).

BERNARD (Julie-Sophie), *chemin de Champagne, 24, Saint-Irénée, Lyon.*

48. — Le Mendiant à Hué (miniature).

49. — Tête, art nouveau (pasteline).

BUET (Jean), *architecte, 4, rue Pavé-d'Amour, Marseille.*

38. — Projet de villa romane (aquarelle).

39. — Projet de cheminée provençale.

BESSÉ (Albert), *13, rue Meublanc, Paris.*

50. — Jeune naufragé (d'après le tableau de Penault) (gravure).

BRETON (Robert), *rue Saint-Hilaire, 9 bis, Poitiers.*

41. — 2 portraits (peinture).

BRAISART, *chemin de Grange-Rouge, 83. Lyon-Montplaisir.*

67. — Paysage, environs d'Artemmare (Ain).

BARBÉRIÈS (Eug. de), *rue Thiars, 28, Marseille.*

21. — Liseuse (peinture).

BÉRARD (J.-Laurence), *cours d'Alsace-Lor-
raine, 9, Bordeaux.*

42. — Etude de cheval (peinture).

43. — Arrivée au travail (peinture).

BAILLY-MAITRE (Auguste), *boul. de la
Vienne, 8, Châtellerault.*

19. — La Cinquantaine (dessin à la plume).

37. — Portrait.

BOUNEAULT (Arthur), *avenue de Paris,
172, Niort.*

48. — Cheminée de l'ancien Hôtel-de-Ville de
Niort.

64. — Fragment du retable de l'Église de Bi-
gnoux.

BELLET (Henri), *rue Créqui, 20, Grenoble.*

50. — Dans les hautes montagnes du Dauphiné
(étude).

BONNAT (Louis), *boul. Pont-Achard, 49,
Poitiers.*

51. — Paysage (étude) (peinture).

BOUILLON (Gaston), *62, rue Damrémont,
Paris.*

62. — La Paye des moissonneurs (lithographie).

BRUNET (Louis-Albert), *avenue d'Orange,
à Valréas (Vaucluse).*

74. — Nature morte (fruits).

BROUILLET (André), *72, boul. Flandrin, Paris.*

72. — Paysage d'automne (peinture).

71. — Le Faucheur (peinture).

BENOIT (Frère), *Dr de l'Institution des Sourds-Muets, à Poitiers,*

37. — Portrait de François Ier (sculpture).

38. — Le Crucifiement (peinture).

BEAUMONT (Paul-Louis), *23, rue Victor-Hugo, à Pontoise.*

29. — L'Entrée de Montfarville (Normandie).

BARTHALOT (Marius), *3, rue Alfred-Stevans, Paris.*

23. — La Pointe du Malinousque, à Marseille (peinture).

24. — La Ménagère (peinture).

BERGERET (Pierre-Denis), *rue Victor-Massé, 26, Paris.*

47. — Intérieur de Cuisine.

62. — Nature morte.

BEAUQUESNE, *7, rue Laffitte, Paris.*

30. — Le 8e d'Artillerie à Rezonville (peinture).

31. — Une Surprise (peinture).

BOUDIN, *7 bis, rue Laffitte, Paris.*

60. — Effet de Lune (peinture).

61. — Trouville (peinture).

BALLAVOINE, 7 *bis, rue Laffitte, Paris,*
20. — Tête de Femme (profil).

BAIL (Franck-Antoine), *25, quai d'Anjou,*
   à Paris.
17. — Tomates et Cuivres.
18. — Sous la Lampe.

BIVA (Henri), *7, rue du Château-d'Eau,*
   Paris.
56. — Roses de Nice, Violettes de Parme.
55. — Roses, Violettes et Mimosas.

BOURGOGNE (Pierre), *rue de Brancas,*
   32 ter, à Sèvres (Seine-et-Oise).
65. — Salade d'Oranges.
66. — Fleurs et Fruits d'Été.

CARPENTIER (Modeste), *à Courrière (Pas-*
   de-Calais).
74. — Un vieux Marin.
75. — Portrait de Don XXX.

CHARDELON (Francine), *33, rue du Bat-*
   d'Argent, Lyon.
97. — L'Ouvrière (peinture).
98. — Fantaisie (peinture).

CHAUVIEL de **LÉON** (G. E.), *rue Saint-*
   Jacques, 39, Marseille.
99. — Le Miracle pour le Tribut.

CAHUZAC (Henri), *rue du Roc, à Albi*
   (Tarn).

77. — Profil (peinture).
78. — Parisienne (peinture).
81. — Printemps (peinture).

CARPENTIER, *rue de la Rotonde, 45, Marseille.*

86. — Vieille rue de Marseille (aquarelle).
87. — Dolce Farniente.

CASCIARO (GIUSEPPE), *Vomera Villa-Arahia Napoli (Italie).*

90. — Etude en 3 panneaux (pastel).

CERTINES (L. DE), *73, rue Boileau, Lyon.*

96. — Paysage (matinée) (peinture).

CARISSAN (ALICE), *à Saint-Jean d'Angély.*

83. — Roses et OEillets blancs (peinture).
84. — 1 Eventail sur crêpe, coquelicots (gouache).

CARMEJEANNE (LOUISE), *rue du Ruisseau, à Saint-Brieuc.*

88. — Volume de légendes bretonnes.

CAILLETEAU (AIMÉ), *75, rue du Président-Carnot, à Libourne (Gironde).*

80. — Le Père Brodu (Étude) (peinture).
81. — Portrait de M. le Dr R., (peinture).

CAVALERI (LUDOVICO), *Via St-Agnese, 14, Milan.*

94. — Automne (lac de Lugano) (peinture).
93. — Mois d'octobre (peinture).

CABROL (ALBERTINE), *à Poitiers.*

75. — Vue prise à Vouneuil-sous-Biard (aquarelle).

76. — Vue prise à Montreuil-Bonnin (aquarelle).

CHÉRON (OLIVIER), *1 bis, rue Eugène-Flachat, Paris.*

95. — Cluzes, vue de Sallanches (Haute-Savoie) (peinture).

104. — Une grève à Labrevrach (Finistère).

CARDIN (CAMILLE), *rue de Bel-Air, 17, Nantes.*

82. — Portrait (médaillon plâtre).

CAZAVANT (JOSEPH), *14, rue de Bagnères, Lourdes.*

98. — Vallée d'Argelès (peinture).

CASTELAIN-CASTEX (Madame), *rue Théophraste-Renaudot, 52, Poitiers.*

99. — Bohémienne (peinture).

100. — Portrait de Mme D... (peinture).

CRILLON (ALBERT), *boul. Notre-Dame, 56, Marseille.*

113. — Étude à Creux-Saint-Georges, près Toulon (Var).

102. — Vieille Porcherie (banlieue de Marseille).

CHAVAGNAT (ANTOINETTE), *11, rue Chanzy, à Nanterre.*

100. — Roses (aquarelles).

101. — Prunes (peinture).

CHRÉTIEN (René), *11, avenue des Tilleuls, Montmartre, Paris.*

108. — Pivoines.

109. — Fromages et bonnes bouteilles.

CHECA, 235, *faubourg Saint-Honoré, Paris.*

102. — Amazones poursuivies.

103. — Entrée triomphale à Rome (aquarelle).

CLAUDE (Eugène), *rue de Châteaudun, 90, Asnières.*

110. — A l'office.

111. — Les Prunes.

CHOCARNE-MOREAU (Paul-Charles), *96, avenue des Ternes, Paris.*

106. — Dépêche-toi (peinture).

107. — La Douche (peinture).

DELAVELLE, *à Saint-Jean-de-Villefranche (Alpes-Maritimes).*

120. — Baie de Beaulieu-sur-mer (peinture).

121. — Cap Ferrat (peinture).

DUTHOIT (Paul), *18, rue de la Bruyère, Paris.*

115. — Les Derniers sacrements (peinture).

116. — Fantaisie (peinture).

DOMAIN (H.) (Mlle), *5, boul. de la Grandière, Royan.*

129. — Fleurs (aquarelle).

128. — Fleurs (aquarelle).

DOREL (Elisabeth), *48, rue de Maignole, Lyon.*

119. — La Petite Faneuse (peinture).

DINGUIDAR (Gabrielle), *67, rue de la Course, Bordeaux.*

127. — Portrait de fillette (pastel).

DUVAUX (A.), *à Paris.*

421. — Les Quatre-Saisons (plat en étain).

DENIS, *boul. Chave, 54, Marseille.*

122. — Roses variées (peinture).

DANGY (Anatole), *21, rue Sully, Châtel-lerault.*

122. — Galerie Henri II, château d'Oiron (eau-forte).

115. — Château-d'Ussé (Indre-et-Loire) (eau-forte).

DESCHAMPS (Gustave), *5, boul. du Pont-Guillon, Poitiers.*

124. — Soirée d'avril (peinture).

DESCHAMPS (Achille), *place du Palais-de-Justice, 8, Poitiers.*

123. — Fruits (peinture).

125. — Portrait (peinture).

126. — Paysage (peinture).

DUFOUR (Camille), *rue des Martyrs, 29, Paris.*

132. — Le Palais des Papes à Avignon.

DURY-VASSELN, 2, *rue Crétet, Paris.*
135. — Fleurs et fruits (peinture).

DELACROIX-GARNIER, 22, *rue de Douai,*
à Paris.
118. — Carmencita (aquarelle).
119. — Tête de fillette (aquarelle).

DUBOIS, sculpteur, *à Paris.*
439. — Éternel repos (marbre).
440. — Vertige (bronze).
441. — Buste de Chopin (plâtre).

DUPRAY, 7, *rue Laffitte, Paris.*
134. — Tableau militaire (peinture).
133. — Tableau militaire (peinture).

DONNADIEU (Jeanne), 17, *rue Victor-*
Massé, Paris.
130. — Parisienne (peinture).

DELACROIX (Henry), 22, *rue de Douai,*
Paris.
116. — Un Carnier plein n'est jamais lourd (peinture).
117. — Rien n'est lourd comme un carnier vide
(peinture).

EULER (Pierre), 13, *rue de la République,*
Lyon.
139. — Roses (peinture).
140. — Giroflées et violettes (peinture).

ESMANGART (Marie), *rue Saulnier, à Co-*
gnac.

138. — Roses rouges (aquarelle).

FABRE (Léopold), *à Labruguière, Tarn.*

141. — Graziella (peinture).

142. — Villa Belza (Biarritz) (peinture).

FRAYSSEIX (Bonnin de), *à Fontenay-le-Comte (Vendée).*

151. — Lavandière (aquarelle).

152. — Bouquetière (aquarelle).

FREDONNET (Ch.), *cours Beauvoir, à Bourges (Cher).*

143. — Vues historiques de Bourges (aquarelle).

144. — Monuments anciens et modernes (crayon).

145. — Vues historiques de Mehun-sur-Yèvre (aquarelle).

FORMEY (Louise), *3, rue Ménade, Cognac.*

148. — Roses et Myosotis (aquarelle).

FURT (Henri), *rue Notre-Dame, 25, Bordeaux.*

154. — Environs de Bruges (Gironde).

FILLEULS (Mme Vve), *rue du Gervis-Vert, 49, Poitiers.*

148. — Portrait (peinture).

FERNANDUS FREYS.

416. — Portrait (miniature enfumée).

417. — Etude (noir de fumée) sur porcelaine.

FALQUEYRET (Joseph), *rue Saint-James, 23, Bordeaux.*

143. — Une course de Taureau dans une arène
    d'Espagne (aquarelle).

FOURNIER (B.), *rue Hoche, 20, Chinon.*
150. — Nature morte (peinture).

FAUX-FROIDURE (Eugénie), *4, villa Niel,
    Paris.*
146. — Jardinière de roses (aquarelle).
147. — Fleurs des Champs (aquarelle).

FATH (René-Maurice), *49, rue du Mesnil,
    à Maisons-Laffitte (Seine-et-Oise).*
142. — Une Chaumière aux environs du Havre.
145. — Une rue de village en Picardie.

GRADI (Napoléon), *Via Rossini, 3, Milan
    (Italie).*
191. — La Belle des Fleurs (peinture).
192. — Jeune fille vénitienne (peinture).

GAUTIER (Charles-Jacques), *13, rue Vic-
    tor-Hugo, Poitiers.*
170. — Chanson du matin (panneau décoratif).
447. — Abreuvoir du Pont-Guillon (peinture).
446. — Le Clain à Itcuil, près Poitiers (peinture).

GEORGE (Johannès), *44, rue Coste, Lyon.*
173. — Matinée d'automne (Étang de Bas, Isère).

GATELLIER (M. l'abbé), *37, rue Fran-
    ciade, Blois.*
166. — Jeanne-d'Arc à Domrémy (bas-relief,
    plâtre).

167. — Chapelle du Séminaire Saint-Louis (plume).

GARAUD (G.), *rue N.-D.-des-Champs, 117, Paris.*

165. — Ruisseau dans les prés (peinture).

GALLAY (Nina), *chez M. Gril, carrossier, rue Carnot, Poitiers.*

480. — Deux tableaux (peinture).
481. — Deux aquarelles.

GABORIT (Henriette), *13, rue Lafayette, La Roche-sur-Yon.*

158. — Le soir à Suresnes (aquarelle).
156. — Ruines du château de Clisson (aquarelle).

GIRARD (Marie), *à Melle-sur-Béronne (Deux-Sèvres).*

184. — Portrait de l'auteur (miniature).

GELLIN (Joseph), *6, rue Pasteur, à Gap (Hautes-Alpes).*

170. — Etude de mer (peinture).
171. — Près du feu (après le bain) (peinture).

GILLOT (E.-L.). *à Osmoy, près Septeuil (Seine-et-Oise).*

178. — La plaine de Saint-Martin (peinture).
179. — Fleurs sauvages.

GILLARD (Louis), *à Verrières, Vienne.*

177. — Nature morte (peinture).

GAUTHIER, *2, quai de la Pécherie, Lyon.*

168. — Fleurs de printemps (peinture).
176. — Repos (peinture).

GIRARD (ALEXANDRE), *2, rue des Balances-
d'Or, Poitiers.*

180. — Portrait de Mlle G... (peinture).
181. — Nature morte (peinture).
182. — Bouquet de lilas (peinture).
449. — Tête de mort (peinture).
185. — Paysage (peinture).
183. — Jeune artiste dans son atelier (peinture).

GÉRAUD (THÉRÈSE), *10, rue Bougraud,
Bordeaux.*

175. — Portrait de Mlle A. R... (pastel).
174. — Panneau décoratif (peinture).

GUÉRITHAULT, *19, rue Saint-Germain,
Poitiers.*

193. — Portrait d'homme (peinture).
194. — Portrait de bonne femme (peinture).

GUIMBELOT (ACHILLE), *à Tonnay-Cha-
rente (Charente-Inférieure).*

197. — Un Coin à Royan (peinture).
196. — Soleil couchant près Taillebourg (peinture.)

GUYONNET (ANATOLE), *rue de la Regratterie, 5, Poitiers.*

188. — Vase de fleurs (peinture).
199. — Paysage (peinture).

GOUTTEPAGNON (A. de), *à la Pouzaire-Chantonnay (Vendée).*

190. — Portrait d'Eléonore Desmier d'Olbreuze, duchesse de Brunswick-Zell (peinture sur ivoire).

GUÉRITHAULT (Blanche), *rue Saint-Germain, 19, Poitiers.*

195. — Stylisation de la flore, appliquée à l'ornementation des manuscrits.

GIRAUDEAU (Louis), *40, rue du Collège, La Rochelle.*

189. — Dernières lueurs du couchant (Marée montante) (peinture).

GUYONNET (Mme Alcide), *rue Sainte-Opportune, 7, Poitiers.*

194. — Le parapluie déchiré (peinture).

GUIONNET (Fernand), *à Cernay, près Lencloître.*

201. — Après le duel (peinture).

GIDE (Hippolyte), *19, rue de Sèvres, Paris.*

176. — Les Chiens de garde (aquarelle).

GIRARDET (Paul), *26, boulevard d'Inkermann, Paris.*

187. — Coucher du soleil sur l'Esterel.

169. — Le Berger.

GEORGE, *à Paris.*

422. — Panneau décoratif (peinture).

GATTI.

419. — Pivoines (peinture).
442. — Fleurs sur un tonneau (peinture).
443. — Ferme de Grisieu (peinture).
444. — Ferme de Brignognan (peinture).

GUÉDY.

451. — Fiammetta (peinture).
450. — Coquetterie (peinture).

GUIONNET.

200. — Le Goûter (peinture).

HÉRON (J.-P.), 76, *place de Tourny, Bordeaux.*

207. Lisière de Bois (peinture).
206. — Chènes de Thouars (peinture).

HILDEBRAND (Helmranns), *cours d'Albret, 25, Bordeaux.*

240. — Effet gris (aquarelle).
209. — Temps orageux (aquarelle).

HILDEBRAND (Antoinette), *cours d'Albret, 25, Bordeaux.*

208. — Etude de légumes (aquarelle).

HODEBERT (Léon-Auguste-César), *boulevard Pasteur, 25, Paris.*

211. — Sauvageonne (peinture).
212. — Le Modèle (peinture).
213. — Juanita (peinture).

HERMANN (Léo), 7, *rue Laffitte, Paris.*

204. — Cardinal au perroquet.

HENNER, *7 bis, rue Laffitte, Paris.*
203. — Tête de face (peinture).

HERNANDER, *7 bis, rue Laffitte, Paris.*
205. — Amour champêtre.

HUGUET, *7 bis, rue Laffitte, Paris.*
214. — Scène arabe (peinture).

ISAILOFF (A.), *57, rue d'Aubagne, Marseille.*
211. — Nature morte (aquarelle).
216. — Fantaisie (aquarelle).

JWILL (Marie-Joseph), *11, quai Voltaire, Paris.*
217. — L'Etang de Berre (peinture).
214. — Paysage (peinture).

JONNEAU-PINCÉ (Jeanne), *rue Château-briant, 2 bis, Nantes.*
222. — Impératrice Marie-Louise (miniature).

JOMARD (Camille), *route de Launay, Thouars (Deux-Sèvres).*
220. — Un Miséreux (étude de tête) (peinture).
217. — Une Corbeille de pensées (peinture).

JETTE (Thérèse), *10, boul. Bajon, Poitiers.*
219. — Etude de pavots (peinture).

LEDRU (Henri), *à Sanxay, Vienne.*
219. — Petit Chalet portant Calendrier et Thermomètre (zinc orné).

220. — Nature morte (peinture).

LAHALLE (Ch. Bonnin Oscar), *à Beauvoir par Saint-Jean-de-Braye (Loiret).*

244. — En sortant du rapport (peinture).

LEFEBVRE (J.-M.-E.), *50, boul. Montparnasse, Paris.*

264. — Tête de Méduse (aquarelle).

223. — Projet d'affiche (gouache).

LECOCQ (Henriette), *6, rue Thénard, Paris.*

269. — A la Cave (eau-forte).

261. — Croquis de voyage (eau-forte).

LANNOIS (Valentine de), *144, rue de Belleville, Bordeaux.*

249. — Côtes de Saintonge (peinture).

248. — A l'Amélie (peinture).

LAFOND-ROBERT (Marie), *château de la Forêt près et par Saint-Seurin-sur-l'Isle (Gironde).*

223. — Tableau de fleurs (pastel).

224. — Portrait de jeune femme (pastel).

LANORE (M.-L), *19, rue du Réservoir, Bordeaux.*

230. — Etude de glaieuls (aquarelle).

251. — Vase de capucines (aquarelle).

LA ROCCA (Alfred de), *50, rue Naujac, Bordeaux.*

254. — Ciel d'octobre, étang dans les Landes
     (Mimizan) (peinture).
255. — Fleurs (peinture).

LECLERC (Louis-Amédée), *rue Cloche-Per-*
     se, 14, Poitiers.

234. — Portrait de femme (peinture).

LEMATTE (J.-Fernand), *à Toislay par*
     Saint-Remy-sur-Avre (Eure-et-Loir).

268. — Brûleuse d'Herbes (peinture).

LASSERVOLLE (Marie-Louise), *8, quai de*
     Queyries, Bordeaux.

256. — Bouquet d'anémones (aquarelle).

LAPORTE (Jean-Raoul), *20, rue Dumas,*
     au Mans.

237. — Tableau de genre (peinture).
253. — Intérieur de cuisine (peinture).

LOR VENO (Mlle), *18, cours Lafayette,*
     Lyon.

269. — Nonchalance (peinture).

LAGANA (Car. G. A.), *Corso Vittorio Ema-*
     nuele, 112, Naples.
     (Vitrine de milieu).

240. — Vase historié fondu à cire perdue (Bronze
     du Musée de Florence).
241. — Vase pompéien (Bronze du Musée de
     Naples).
242. — Miroir   id.
243. — Vase pompéien   id.

244. — Vase pompéïen (Bronze du Musée de
  Naples).
245. — Vase pompéïen   id.
246. — Vase pompéïen   id.
247. — Vase pompéïen   id.
248. — Vase pompéïen   id.
249. — Vase pompéïen   id.
250. — Vase pompéïen   id.
251. — Vase ercolaine   id.
252. — Vase tête de Maure   id.
253. — Vase tête de Maure   id.
254. — Tête de gamin du Professeur Renda
255. — Tête de la Fortune   id.
256. — Tête de Dorine   id.
257. — Tête de vieux   id.
258. — Tête de cocotte du Professeur Renda.

LAURENT (Daniel), *à Saint-Jean-d'Angély*.
259. — La Seudre à Ronce-les-Bains (aquarelle)
258. — Pivoines de Chambord (aquarelle).

LANDRÉ (Mlle), *233, faubourg Saint-Honoré, Paris*.
261. — Miserere Mei (peinture).
247. — Crevettes et moules (peinture).

LEGOUT-GÉRARD, *32, rue de la Victoire, Paris*.
267. — Avant-port de Concarneau
  (Lever de lune dans la brume).
264. — Vente de poissons le matin à Cancale.

LANDELLE (Charles), *21, quai Voltaire, Paris.*

245. — Ruth (peinture).

LUX, *à Paris.*

452. — Pivoines (peinture).
453. — Fondeurs de cuivre (peinture).
454. — Orchidées (peinture).

MORINIÈRE (Stanislas), *à Breuil-Barret (Vendée).*

305. — Portrait de Mlle M. L. de M. (dessin).
306. — Portrait d'un original.

MAYNIER (Mlle A.), *à Niort (Deux-Sèvres).*

288. — La Vierge au Temple (miniature sur Ivoire).

MURATORE (Vincent), *12, rue de Rome, à Nice.*

309. — Portrait de N. S. Jésus-Christ (sculpture-marbre).

MUSIN (Aug. Henri), *118, rue de la Limite, Bruxelles.*

310. — Gros temps (miroir du port de Dunkerque) (peinture).
311. — Matinée ensoleillée (Rade d'Anvers) (peinture).

MATHE (Ludovic), *à Bugaudière p. Mulon, (Charente-Inf.).*

272. — Bords de la Boutonne.

MANÈS (Louis), *27, rue de la Ville-l'Evêque, Paris.*

273. — Dans les Bois (peinture).

275 — Etude (pastel).

MANGEANT.

455. — Floréal (pastel).

MENARD, peintre *à Paris.*

456. — Rêverie bretonne (peinture).

457. — Loge de sabotiers   id.

MAURAIN (Nina), *41, rue Leclerc-Chauvin, Angoulême.*

285. — Lilas et pivoines (peinture).

283. — Fleurs d'été   id.

MAURAIN (Madeleine), *41, rue Leclerc-Chauvin, Angoulême.*

284. — Géraniums élégants (aquarelle).

286. — Roses et éventail.   id.

MERY (P.), *45, rue Vaneau, à Paris.*

295. — Vallée de l'Ursine (peinture).

458. — Bois du Raincy.

MONGE (Gabriel), *107, boul. Longchamps, Marseille.*

300. — L'Etang de Berre (pastel).

281. — Bords de l'Arc (pastel).

MOISELET (Mlle), *6, rue Fournet, Lyon.*

297. — Nature morte (peinture).

298. — Jeune fille lisant, id.

MITTON (Mathilde), *41, place de la Bourse, Lyon.*

296. — Roses et pensées (peinture).

MAILLARD (Thérèse), *11, rue du Cognet,
Châtellerault.*

272. — Orientale (peinture).
273. — Portrait de Mlle des V.   id.

MOREAU-VAUTHIER (Paul), *108, rue de
Vaugirard, à Paris.*

287. — Vase triangulaire, étain.
288. — Cendrier perlé   id.

MASCART (Gustave), *69, rue Clignancourt,
à Paris.*

281. — Une rue à Gand (Belgique) (peinture).
280. — Le Sacré-Cœur.   id.

MAROT (Paul), *137, rue de la Benauge,
Bordeaux.*

278. — Danaé (peinture).
279. — Profil   id.

MARCHE (Ernest), *109, boul. Richard-Le-
noir, Paris.*

304. — Premier quartier.
277. — Chrysanthèmes.

MOREL.

460. — Asperges et Cerises (peinture).
420. — Anémones.   id.

NOUREY ROGER (Mlle E.), *15, boul. du
Grand-Cerf, Meaux.*

316. — Quiétude-Automne (sur un seul panneau) (Emaux-sur-Cuivre).

NOEL (F.), *place du Château, à Marans (Charente-Inférieure)*.

312. — L'Auxances à Moulinet (peinture).

313. — Fleurs des champs (aquarelle).

NORMANN (A.), *Kurfurstenstrass, 126, Berlin*.

315. — Nuit d'Eté en Norwège.

NOZAL (A.), 7, *quai de Passy, Paris*.

310. — En mai, plateau de Buzenval (peinture).

318. — Au clair de lune, en aval d'Albi (peinture).

319· — Sous les Remparts de Carcassonne (pastel).

317. — Garches.

NORIAC, 7 *bis, rue Laffitte, Paris*.

314. — Une vocation (peinture).

OLLIVIER Mlle J.-E.), 5, *rue de la République, Lyon*.

320. — Portrait (peinture sur porcelaine).

321. — L'Echo (peinture sur porcelaine).

MOURGEON (MARIUS), *43, rue du Verger, Châtellerault*.

463. — Portrait de M. L. Grateau (peinture).

MAGNE (HENRIETTE), *rue Pallu de la Barrière, à Saintes (Charente-Inf.)*.

270. — Etude de lion en cage (peinture).

293. — Marine (étude faite à Pornic) (peinture).

MAUREL (Marie-Thérèse), *6, rue d'Orléans, Bordeaux.*

287. — Le Moulleau (peinture).

MOROT, *à Paris.*

461. — Notre-Dame de Paris (peinture).
462. — Grange aux environs de Saint-Valéry en Caux (peinture).

MENARD (Edgard), *23, place d'Armes, La Roche-sur-Yon.*

456. — Crépuscule (Argenton-Château) (aquarelle).
291. — Yachts au mouillage (Noirmoutier) (peinture).

MELINON (Claudius), *34, rue de la République, Marseille.*

289. — Un rien (peinture).

MONTERBAN (Joseph de), *59, rue du Rempart, Niort.*

301. — Portrait de M. Emile Forderoy du Thiers (Médaillon, plâtre).

MULPHIN (Joseph), *87, rue Denfert-Rochereau, Paris.*

308. — Tête d'étude (peinture).

MERGAULT (Augustine) *à l'Hôpital-des-Champs, Poitiers.*

272. — L'Ambulance (travail d'étoffe et de couture).

293. — Costumes du Poitou.   id.

PORQUIER (Ed.), *rue Rosière, 21, Nantes.*

316. — Marine (aquarelle).

317. — Marine (aquarelle).

PASQUIER (Narcisse), *7, rue de la Melette, Châtellerault.*

326. — Prévôté de Poitiers (aquarelle).

319. — Notre Dame-la-Grande, Poitiers (aquarelle).

PLAUZEAU (A.), *boul. Arago, 7, Paris.*

345. — La résurrection de Lazare (peinture).

321. — Portrait (peinture).

PRADEL (Michel), *7, rue Terme, Lyon.*

322. — Les Communiantes (peinture).

350. — Au labour (peinture).

PRELL (W.), *rue Crétet, 2, Paris.*

351. — Les Peupliers blancs (peinture).

352. — Lever de lune (peinture).

PERRET (Charles), *13, cours Gambetta, Lyon.*

332. — Azalées (peinture).

333. — Paysage (environs de Lyon) (peinture).

PÉRATÉ (Mme Térésa), *44, rue Delaborde, Paris.*

331. — Fin de moisson (peinture).

PASSY (Pierre), *4, rue Pavé-d'Amour, Marseille.*

329. — Avant l'aubade (peinture).

330. — Marcheuse (peinture).

PASQUIER (René), *rue de la Melette, Châtellerault.*

328. — Cathédrale Saint-Pierre, Poitiers. — Rue Sully, à Châtellerault, — Bords de la Vienne (dans un même cadre), gravure à la plume.

PICHAULT (Octave), *Usines de Clan près Jaulnay.*

340. — Etude de la peinture murale pour la Chapelle de la Vierge, dans l'église Saint-Hilaire de Poitiers (dessin, aquarelle, gouache).

PEYRUTIÉ (Léon), *rue Sainte-Marthe, 6, Châtellerault.*

339. — Vues de Châtellerault (Gillottage).

PARQUET (Gustave), *233, faubourg Saint-Honoré, Paris.*

322. — Ah! il s'en va le chien, il s'en va là! (peinture).

323. — Epagneul Picard (peinture).

325. — La Chasse dans le parc (aquarelle).

324. — Chiens de Meute (aquarelle).

PERREZ (Allonzo), *7 bis, rue Laffitte, Paris.*

334. — La Pêche.
335. — Sujet de genre.

QUILLET (Ferdinand), *33, rue des Apennins, Paris.*
355. — Un coin du jardin public, à Niort (peinture).
356. — Suzanne (portrait) (peinture).

QUÉVILLON (Mme) née Weddell, *Bordeaux, 33, rue de Strasbourg; Poitiers, 12, rue de la Tranchée.*
353. — Chrysanthèmes (aquarelle).
351. — Portrait de Mlle Y.-D. (miniature).

RAMBAUD (Alice), *17, cours Gambetta, Lyon.*
357. — Petit-père (peinture).

RIBOT (Louise), *40, avenue des Pages au Vésinet (S.-et-O.).*
367. — Les marchands de fruits (peinture).
345. — La conférence (peinture).

ROGER (Louis), *rue Principe Amédes, Turin.*
375. — Grâce implorée et obtenue (peinture).

RAVAYRE (Jean-Jacques), *rue de Lenne, 49, Bordeaux.*
361. — Nature morte (peinture).
362. — Nature morte (peinture).

RODRIGUES (Albin), *19, boul. Pereire, Paris.*

348. — Côte Normande (mer calme) (peinture).

RENAUD (Hélène), *Tesson, près Saintes (Charente-Inférieure)*.

363. — Groupe de gibier (peinture).

364. — Panier de cerises (peinture).

ROBUCHON (Jules-César), 3, *rue du Moulin-à-Vent, à Poitiers*.

465. — Portrait de M. le Dr Jablonski (médaillon).

467. — 1 buste (plâtre).

ROUGIER (Louis), *cours Devilliers, 53, Marseille*.

352. — Bouquins et bibelots (peinture).

ROTIVAL (Paul), *Paris*.

468. — Paysage avec maisons (peinture).

469. — Paysage (peinture).

ROCHON (Marie), *20, rue de Béarn, Lyon*.

372. — Roses de Noël et Houx (peinture).

373. — Groseilles, (peinture.)

ROUX (Henri), *rue Cornet, 25, Poitiers*.

378. — Médaillon (sculpture).

379. — Médaillon (sculpture.)

RIBÉRA, *77, rue d'Amsterdam, Paris*.

366. — Portrait (pastel).

RIVOIRE (François), *19 bis, rue Fontaine, Paris*.

370. — Œillets de poète (aquarelle).

369. — Œillets (aquarelle).

REYNAUD, *7 bis, rue Laffitte, Paris.*
365. — Flirt (peinture).

RAVANNE (GUSTAVE), *à Paris.*
359. — Sur la cale (peinture).
358. — A Concarneau (peinture).
360. — Pleine mer (peinture).

SYLVESTRE (MARIE-ÉLISE), *8, rue des Saintes-Claires, à la Rochelle.*
363. — Une ferme de Poitou (peinture).
364. — Dans les Deux-Sèvres (peinture).

SALOMON (LOUIS), *29, rue Thiac, Bordeaux.*
382. — A la cuisine (peinture).

SUC (Mlle FRANCE), *61, rue de la République, Lyon.*
395. — Farniente (peinture).
396. — Bluette (peinture).

SORNAY (Mlle A.), *à Villie-Morgon, Rhône.*
391. — Anémones (peinture).
390. — Fleurs de printemps (peinture).

SAPIN (HONORÉ), *rue des Carmélites, 42, Poitiers.*
383. — Panneau renaissance (sculpture sur bois).

SON (JOHANNÈS), *20, rue Molière, Paris.*

388. — Un coin de Chauvigny (Vienne) (peinture).

389. — Matinée au lac de Nantua (Ain) (peinture).

SONREL, artiste-peintre, *à Paris*.

418. — Portrait de femme (peinture).

471. — Intérieur d'église (peinture).

SORRIQUETA (Pedro de), *Calle de Maria Mûnoz, Bilbao (Espagne)*.

392. — Primogenito (buste) (sculpture).

394. — Portrait de S. G. (sculpture).

375. — Portrait de A. U. (buste) (bas-relief).

SERREAU (Abel), *Grand-Rue, 134, Poitiers*.

384. — Un coin de cuisine (peinture).

385. — Nature morte (peinture).

SÉVEAU (Georges), *rue de la Chaussée, 27, Poitiers*.

386. — Paysage (peinture).

387. — Paysage (peinture).

TESTAUD-MARCHAIN, *3, place Sainte-Croix, Poitiers*.

406. — Solitude (d'après Harpignie) (aquarelle).

407. — Clair de lune (crayon).

TAPISSIER (Madeleine), *13, rue de l'Annonciade, Lyon*.

399. — Portrait (peinture).

TERRASSE (Edouard), *11, boulev. Saint-Louis, au Puy.*

402. — Vieille rue au Puy (aquarelle).
403. — Intérieur d'église à Chamalières (Haute-Loire) (aquarelle).
404. — Vieille porte à Chamalières (aquarelle).
405. — L'Ilôt de Bourgnis à Angoulême (aquarelle).

TRANCHANT (Jules), *à Chauvigny (Vienne)*
414. — Deux tableaux (dessin à la plume).
413. — Scène mythologique (dessin à la plume).

TAUZIN (Louis), *4, sentier des Pierres-Blanches, à Bellevue (Seine-et-Oise).*
401. — La Plage de Pontaillac (peinture).
390. — La Falaise à Royan (peinture).

THÉVENET (Henri), *rue du Cygne-Châteauneuf, 11, Châtellerault.*

TIREAU et FIX, *70, faubourg Saint-Antoine, Paris.*
421. — Panneau bois sculpté.
409. — Portrait de Mlle J. Thévenet (crayon).
410. — Paysage (environs de Châtellerault) (gillottage).

TRANCHARD (Louise), *29, rue Brauhauban, à Tarbes.*
393. — Aux environs de Vic (après les inondations de 1897) (aquarelle).

TRANCHARD (Marie), *29, rue Brauhauban, Tarbes.*

415. — Nature morte (peinture).

TEXEREAU (T.), *10 bis, rue Cloche-Perse,
Poitiers.*

408. — Miniature sur porcelaine (peinture).

VIGHI (Coriolano), *Via Belle-Arti, 42,
Bologne (Italie).*

418. — Mer Adriatique (pastel).

419. — Bonnacia (mer adriatique) (pastel).

VUYTIERS (Marie), *à Amersfort, province
d'Utrecht (Hollande).*

318. — Iris (peinture).

VILDENBERG (Conrad de), *à Longuay par
Dancenoir (Haute-Marne).*

422. — Sanglier aux abois (aquarelle).

423. — Chien en défaut (aquarelle).

VITTON (Léonie), *au Vernay par Sathe-
nay (Rhône).*

425. — Fantaisie (peinture).

VIGNAL-VINGAL, *36, rue Vanneau,
Paris.*

420. — Dessert (pastel).

420. — Nature morte (pastel).

VALLET (Edouard), dessinateur, *rue Rabelais, 17, Poitiers.*

416. — Un vase décoratif (style égyptien).

VILLARS (Madeleine), *rue Roche-d'Argent, 3, Poitiers.*

405. — 5 Miniatures sur ivoire (dans un même cadre).

VASSELON (Marius), *2, rue Crétet, Paris.*

417. — Une Coquette (peinture).

VOLLON, 7 bis, *rue Laffite, Paris.*

426. — Nature morte (peinture).

WASINGTON, 7 bis, *rue Laffitte, Paris.*

423. — Scène arabe (peinture).

429, — Scène arabe (peinture).

WILLEMS, 7 bis, *rue Laffitte, Paris.*

430. — Visite à la Grand'Mère (peinture).

WEILL, *Paris.*

472. — Portrait de femme (peinture).

ZIEM, 7 bis, *rue Laffitte, Paris.*

431. — Vue de Venise (peinture).

ZWILLER (Augustin) *3, villa Méquillet, Neuilly-sur-Seine.*

432. — Le Catéchisme de Persévérance (peinture.

433. — Les gros bonnets du village (peinture).

ZUBER-BULHER, 7 bis, *rue Laffitte, Paris.*

434. — Repos au bord du ruisseau (peinture).

435. — Mal éveillée (peinture).

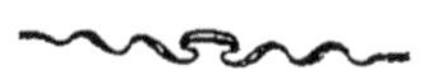

GROUPE I

CHABAUX (Léon), *Ligny-en-Barrois (Meuse)*.

Comptabilité commerciale en partie double.

IATOWSKI (François), 23, *rue de la République, Tours.*

Manuscrit-Méthode de calligraphie, pour adultes et enfants.

JOURDAIN (frère), *de l'Institut des Frères de Saint Gabriel, Saint-Laurent-sur-Sèvre (Vendée).*

Musée scolaire comprenant des échantillons de terres, amendements, engrais, réduction d'instruments aratoires; herbier; mammifères, oiseaux, reptiles, insectes utiles et nuisibles à l'agriculture, etc., etc.

BONNET (J.-Henri), *4, rue Valdec, Bordeaux.*

Décoration de la Façade et du Dôme de l'Exposition.

PENSIONNAT DES FRÈRES DE SAINT-LOUIS-DE-GONZAGUE, *rue de Hercé, Nantes (Loire-inférieure).*

Travaux d'élèves.

JALLAIS (Jean-Ferdinand), *instituteur, Migné (Vienne).*

Syllabaire mécanique.

LAGRANGE (Mlle Marguerite), *49, avenue Gambetta, Angoulême (Charente).*

Missel illustré et écrit à la main (Moyen-Age), non relié.

LARUE fils, *sculpteur-décorateur, 86, rue Lecourbe, Paris.*

Ornements en plâtre; cartel en bronze.

DUVAUX, *sculpteur, 86, rue Lecourbe, Paris.*

Plat en plâtre bronzé.

MA ALY SXÈNE, *marabout,*|*Village noir.*

Spécimens d'écriture Arabe : quelques versets du Coran.

AUBERT, *graveur, rue du Château-d'Eau, Paris.*

Spécimens de gravure.

WEILL, *graveur, 42, boulevard Bonne-Nouvelle, Paris.*

Tableaux-spécimens de gravure héraldique et commerciale.

COMPAGNIE LINSCRUSTA WALTON
FRANÇAISE, *usine et ateliers, Pierrefitte Seine, magasin, 17, rue Lafayette, Paris.*
Décoration murale en Lincrusta.

SCHABADT, *Minsk (Russie).*
Machine à calculer.

SOCIÉTÉ L'UNIVERSELLE, Société mu-
tuelle de prévoyance au décès et de
retraite pour la vieillesse (DÉTHIEUX,
directeur), *91, rue de l'Hôtel-de-Ville,
Lyon.*
Tableau relatant les opérations de la Société.
Les résultats obtenus, ses diverses récompenses, notices, bilans, etc.

GROUPE II

NONY (A.), *papiers à cigarettes, à Thoué-
rat par Angoulême (Charente).*
Papiers à cigarettes.

SCHREDER (Michel), *place du Champ de-
Foire, à Montmorillon (Vienne).*
Tableaux noirs portatifs et un groupe de petits
tableaux noirs.

BARTISSOL (E.), *fabrique de papiers à*

cigarettes, *à Perpignan (Pyrénées-Orientales)*.

Papier à cigarettes « Le Suez ».

AUBERT (G.), *7, faubourg Montmartre, Paris*.

Papiers à cigarettes.

MORALÈS (Henri), *relieur, 6 rue de l'Eperon, Poitiers*.

Reliures artistiques et autres.

ROBUCHON (J.-C.), *3, rue du Moulin-à-Vent, Poitiers*.

Uu volume relié des Paysages et Monuments du Poitou.

PICARD et KAAN, *11, rue Soufflot, Paris*.

Livres classiques.

REYNÈS et FILS, *26, place d'Armes Poitiers*.

Imprimés divers en lithographie.

MARCHE (Emile), *30, rue Gambetta, Poitiers*.

Exposition scolaire ; papeterie, reliure et imprimerie. Journaux et publications.

FILLAUDEAU, *relieur, 39, rue des Vieilles-Boucheries, Poitiers*.

Reliure en tous genres.

« LA REVUE INTERNATIONALE DES EXPOSITIONS », Moniteur officiel de

l'Exposition de 1900 (Henri FOUR-
NIER), Directeur, 23, *rue Royale,
Paris.*

Collection de la Revue (nouvelle série). Affiches-
réclame.

REULLIER et PÉRONNE, 38, *rue Lacépède (Paris).*

Epreuves d'imprimés en gravures et taille-douce.

VIGAN (Albert), *35, boulevard Haussmann,
Paris.*

Impressions artistiques appliquées à toute décoration de l'habitation ; menus, cartes, etc., etc...

BATAILLE (G.), *18-20, rue de Chabrol,
Paris.*

Affiches illustrées. Imprimerie. Chromolithographie,

« L'ECHO DE LA CORDONNERIE MO-
DERNE », *65, boulevard Voltaire,
Paris.*

Collection du Journal.

DEMACHY, PECH et Cie, *Imprimerie Nouvelle, 16, rue Cabirol, Bordeaux.*

Travaux lithographiques et typographiques.
Affiches illustrées.

LAUNAY (Gustave), *3, place Bretagne, à
Nantes (Loire-Inférieure).*

En-têtes de lettre et cartes de visite avec décorations françaises et étrangères coloriées.

SANDMANN (F.), *5, rue des Petits-Hôtels, Paris.*

Classeurs l' « Idéal », relieurs et perforateurs.

Cu. LYON, *13, rue Chapon, Paris.*

Timbres caoutchouc. Timbres cuivre. Ecussons. Spécimens de gravure.

LEVÉE (F.), *8, rue du Sentier, Paris.*

Papeterie. Registres; impressions.

A. DURIF, *fabrique de papiers, à Gisors (Eure).*

Papiers d'emballage.

G. FÉRON, *13, rue Turbigo, Paris.*

Papiers d'emballage.

CESBRON (Léon), *rue Boisnet, Angers, Maine-et-Loire.*

Papiers de toutes sortes.

DOTÉSIO, LUCENA et Cie, *à Bilbao (Espagne).*

Cadres d'échantillons lithographiques.

GROUPE III

CHAMBRE SYNDICALE DES FABRI-
CANTS ET NÉGOCIANTS EN APPA-
REILS PHOTOGRAPHIQUES (J. DU-

BOULOZ, président), *boulevard Saint-Germain, Paris.*

Tableau des œuvres de la Chambre Syndicale.
Journal de Photographie Française.

ZARSKI (E.), *68, boulevard de la Liberté, Lille.*

Agrandissements photographiques.

MERKEN (Victor), *5, rue du Puygarreau, Poitiers.*

Epreuves photographiques au charbon.

GRÉGEOIS, CAMY et Cie, *57 bis, rue de Montreuil, Paris.*

Papiers pour la photographie. Epreuves photographiques.

MENDEL (Ch.), *118, rue d'Assas, Paris.*

Appareils et librairie photographiques. Epreuves photographiques.

SCHRAMBACH (Louis), *15, rue de la Pépinière, Paris.*

Appareils, optique et fournitures générales pour la photographie.

SCHRAMBACH (Laurent), *93, rue Oberkampf, Paris.*

Appareils et optique pour la photographie.

REEB (Henri), *158, avenue de Neuilly, à Neuilly-sur-Seine.*

Spécialités photographiques et épreuves.

RADIGUET, *15, boulevard des Filles-du-Calvaire, Paris.*

Matériel et épreuves de radiographie.

LUND (Oтто), *6, place de la Sorbonne. Paris.*

Obturateurs pour la photographie et épreuves.

MÉTAIS et Cie, *20, rue Monge, Paris.*

Appareils, optique et fournitures générales pour la photographie. Phonographe parleur à haute voix.

DUMONT (A.), *18, rue Robillot, Paris.*

Appareils pour la photographie.

KORSTEN (Lucien), *63, avenue des Gobelins, Paris.*

Appareils, optique et fournitures pour la photographie.

DEMARIA frères, *2, rue du Canal-Saint-Martin, Paris.*

Matériel photographique.

THIOLLIER, photographe, *Poitiers.*

Photographies.

PIPON (A. et J.), *4 et 4 bis, Allée-Verte, Paris.*

Appareils, optique et accessoires pour la photographie.

LECOURT (G.), *6, rue des Tanneries, Paris.*

Appareils, optique et accessoires pour la photographie. Phonographe parleur à haute voix.

GUILLON et C\ie\, *85, rue François-de-Sourdis, Bordeaux.*

Appareils et produits pour la photographie.

LEGENDRE (L.), *8, rue Pastourelle, Paris.*

Appareils et vues stéréoscopiques. Panorama stéréoscopique automatique.

FRANÇAIS (E.), *84, quai Jemmapes, Paris.*

Appareils et optique pour la photographie.

BARDET (E.), *76, rue de Sèvres, Paris.*

Produits pour la photographie.

MASSENOT, *21, rue Michel-Lecomte, Paris.*

Laboratoire-valise pour la photographie en voyage.

FLAMME (Désiré), *12, place des Patiniers, Lille.*

Cadres de style pour photographies.

RAT, photographe, *rue Magenta, Poitiers.*

Photographies.

JOIN (E.), *21, rue Carnot, Poitiers.*

Photographies.

GUITTEAU (Louis), *35, place du Calvaire, Poitiers.*

Agrandissements photographiques.

QUEYRIAUX (Fernand de), château de la Bartière, par Montmorillon.
Photographies d'amateur.

COLIN (E.), *8, rue Elisa-Lemonnier, Paris.*
Album à musique pour la photographie.

GRIESHABERT (E.) et Cie, *10, rue du Trésor, Paris.*
Plaques et produits pour la photographie.

BALLIVET (Antony), *54, rue du Faubourg-du-Temple, Paris.*
Photographies sous cadres.

VALLOIS (Edmond), *99, rue de Rennes, Paris.*
Photographies sous cadres.

KRESS (E.) et Cie, à Lancey (Isère).
Epreuves, papiers et produits photographiques.

COMPAGNIE FRANÇAISE DE PAPIERS PHOTOGRAPHIQUES (BONDON, directeur), *118, rue de la Tombe-Issoire, Paris.*

LESUEUR et DUCOS DU HEURON, *87, Grande-Rue, à Saint-Maurice.*
Plaques et produits photographiques.

CLERTÉ, *rue Carnot, à Poitiers.*
Appareils photographiques.

ADMINISTRATION DES HOSPICES DE
POITIERS (Vienne).

Radiographies.

GUILLEMINOT-ROUX et Cie, 5, *rue Choron, Paris.*

Plaques et produits pour la photographie.
Epreuves photographiques.

BAMBOCCI (E.), *à Bari (Italie).*

Photographies.

HANRIAU, *Paris.*

Plaques et produits photographiques.

POSSO, 73, *rue Mouffetard, Paris.*

Intermédiaires et chàssis métalliques.

Organisateur de la section de photographie
Sermaisse (Charles).

GROUPE IV

ALLA et PIRLOT, 5, *rue Debelleyme,
Paris.*

Articles en verre soufflé pour les sciences.

THADOME, *39, rue Buffon, à Dijon.*

Bijouterie et maroquinerie.

BOULLIER, *rue du marché, Poitiers.*

Bijouterie.

DESTOMBES, *Poitiers.*

Bijouterie, articles de Paris.

MIDANI, 5, *rue des Fontaines, Paris.*
Petits bronzes ; bijouterie ; articles de Paris ; article Oriental.

CHRISTOFLE et Cie, 56, *rue de Bondy, Paris.*
Orfèvrerie, jardinière, candélabres, coupes, etc.

GROUPE V

BLONDEL (ALPHONSE), *rue de l'Echiquier, Paris.*
Pianos.

SAUNIÈRE (DE), *rue Carnot, Poitiers.*
Instruments de musique. Editions, partitions, etc.

SAX (ADOLPHE), *51, rue Blanche, Paris.*
Instruments de musique.

ROUGNON (PAUL), *41, rue des Martyrs, Paris.*
Ouvrages de musique.

BIARDOT, *22, rue de la Madeleine, Paris.*
Editions de musique.

RIVET (Mlle JEANNE), *Paris.*
OEuvres musicales.

CUENDET (CH.). manufacture Barnett H. Abrahams, *à Sainte-Croix (Suisse.)*

GROUPE VI

CHARLET (Georges), *15, rue Descartes, à La Flèche (Sarthe).*
Céramiques ; plats ; objets de vitrine, genre Palissy, etc...

BÉDIER, *à Choisy-au-Bac (Oise).*
Emaux céramiques sur métaux.

LA CÉRAMIQUE NOUVELLE, (G. SIÉVER, Directeur), *24, rue Nationale, à Ivry-sur-Seine.*
Panneau céramique.

DAUM frères, *à Nancy, Meurthe-el-Moselle.*
Verrerie.

Hubert GARNIER, *rue d'Arès, Bordeaux.*
Travail artistique du verre.

DESHOULIÈRES (G.), *faïencerie de Chauvigny (Vienne).*
Céramique.

LACROIX et Cie, *184-186, avenue Parmentier, Paris.*
Couleurs vitrifiables, spécimens de dessins et peintures.

FAIENCERIE BORDELAISE (F. BOURDALEIX, Directeur), *rue Delbos, Bordeaux.*
Faïencerie.

BOGNIER et BURNET, *125, rue Vieille-du-Temple, Paris.*
Articles d'hygiène en caoutchouc.
Hors concours.

Membre du jury, Poitiers, 1899.
AUGOYARD, *50, rue Saint-Lazare, Paris.*
Accessoires d'Hygiène.

MAJOR et Cie, *91, boul. Saint-Germain, Paris.*
Instruments de chirurgie.

Vᵉ VILLIARD, *47, avenue de Paris.*
Articles d'hygiène en caoutchouc.

————

GROUPE VII

VOISIN, *8, rue de la Cathédrale, Poitiers.*
Ferronnerie d'Art.

MAGNAT ALFRED, *74, rue de la Tranchée, Poitiers.*
Bois découpés.

DE BOISCHEVALIER et Cie, *rue Piccini, Paris.*
Métallisation du bois.

EMILIE ZIGANG, *80, Grande-Rue, Remiremont (Vosges).*
Assiettes décorées avec des timbres-poste.

GORINI frères, *place d'Armes, Poitiers.*
Statuettes marbre.

Samuel LUCCHESI, *Grande-Rue, à Poitiers.*
Rosaces, staff et carton-pierre, bustes et art de dessin.

André RAMNOUX, *à Fougeras, commune d'Oradour-sur-Vayre, Haute-Vienne.*
Panneau sculpté représentant Jeanne d'Arc.

Th. SABOUREAULT, *rue Saint-Gelais, Niort.*
Un baromètre et un thermomètre ornés de fer forgé et poli.

MARTINET-DESSOLLES et Cie, *121, rue de Paris, Saint-Mandé (Seine).*
Electro-métallisation, panneaux décoratifs, statuettes, zinc de toiture, cuivré, etc.

G. GEORGE, *9, rue Saint-Fiacre, Paris.*
Dessins industriels.

L. VITTEBOLS, *à Etterbeck-Bruxelles (Belgique).*
Peinture sur verre

Mademoiselle de THIAIS, *Château-Gaillard, par Lavilledieu-du-Clain (Vienne).*
Ecran en application.

GROUPES VIII ET XXII

SECTION D'HYGIÈNE

Arts Médicaux et Pharmaceutiques
Produits chimiques, Accessoires, Spécialités.

COMITÉ D'HONNEUR

MM. le Docteur Beurnier, O ✠, Chirurgien des Hôpitaux, Membre du Jury de Bruxelles de 1897 ; Jouisse, Produits pharmaceutiques, à Orléans ; Docteur Paul Cornet, médecin de l'Hôpital International et de la Préfecture de la Seine ; Docteur Lepage, ✠, Médecin municipal, Médecin-Major des Sapeurs-pompiers d'Orléans ; E. Robert fils, inventeur du « *Biberon Robert* » ; A. Bognier, *de la Maison A. Bognier et G. Burnet*, fabricants d'articles d'Hygiène en Caoutchouc ; Alla et Pirlot, fournisseurs du Ministère de la Guerre pour les articles en verre soufflé ; Docteur Dubourcau, à Cauterets.

MM. le Docteur E. Monin, ✳ ✠, Secrétaire de la Section Française d'Hygiène, Membre des Comités de 1900 ; Ranwez, ✳, Professeur à l'Université de Louvain : Paté, *de la Maison Briou, Pâté, Burke et Cie ;* A. Derneville, Président de la Société Royale de Pharmacie et de la Chambre Syndicale des Pharmaciens de Bruxelles ; Girard, O ✠, Propriétaire du Vin Girard ; Dupont, I ✠, ✠, Secrétaire général de l'Association des Chimistes, Membre des Comités de 1900 ; Cornu, Produits Pharmaceutiques ; Duvallet, pharmacien, à Berk-sur-Mer ; Galimard,

Amis de Flavigny; E. Morin, fab. de bas varices; Sclaverand, Accessoires d'hygiène; Laurent, *Société du Laurénol;* Docteur Jamin, ⚜ Membre des Comités de 1900.

Commissaire organisateur,
A. GIRARD,
Commissaire général de l'Exposition.

LISTE DES EXPOSANTS

Ch. CORNU, *41, rue de Vanves, Paris.*
Tous produits médicamenteux, enrobés par le nouveau procédé au Gluten.
    Médaille d'or, Exposition universelle de Bruxelles, 1897.
    Membre du Jury de Poitiers, 1899.

FÉDIT et BEURRIER, *59, rue Pigalle, Paris.*
Trousses de secours contenant 4000 doses de médicaments comprimés.

THE CONTINENTAL SPARKLETS C⁰ L^d, *37, boul. Haussmann, Paris.*
Sparklets pour la gazéification instantanée de tous liquides.

BARLERIN R., pharmacien *à Tarare, Rhône.*

6

Farine Mexicaine, café Barlerin, collier Russe, Approuvés par la Société de Médecine de France ont figuré aux Expositions universelles de Paris en 1878 et en 1889. Groupe VII, classes 72 et 74, avec 9 médailles d'honneur, diplômes d'Honneur et de Grand-Prix, médailles d'Or, d'Argent et de Bronze aux Expositions et Concours, Paris, Lyon, Bordeaux, Nice, Blois, Tours. Hors Concours, Membre du Jury.

CIBOT (Edmond), pharmacien, 25, *place des Carmes, Limoges.*

Cachets des Carmes contre l'anémie.

MACQUAIRE Paul et Cie, *4, quai du Marché-Neuf, Paris.*

Produits physiologiques et pharmaceutiques de Defresne.

DESCHAMPS G., pharmacien, *à Saumur.*

Coca mousseux, Kola, etc.

PRODUITS DU MONASTÈRE DE LA GRANDE TRAPPE, *à Mortagne, Orne.*

Produits pharmaceutiques.
—   hygiéniques.

AUTÉ, *à Poitiers.*

Brillant occidental.

MASGNAUX F. et Cie, pharmaciens *à Arcachon*.

Produits à la Sève de Pin d'Arcachon.

FÉRET A., *16, rue Etienne-Marcel, Paris*.

La Table Féret à élévation facultative.

JOUTEAU, pharmacien, *à Poitiers*.

Produits pharmaceutiques.

BOURBOUSSON, pharmacien, *à Oran*.

Produits pharmaceutiques.

SOCIÉTÉ FRANÇAISE DE PRODUITS SANITAIRES ET ANTISEPTIQUES, *35, rue des Francs-Bourgeois, Paris*.

Produits dérivés du Cresyl Jeyes.

CLIN et Cie, **COMAR** et **FILS** et Cie, successeurs, *20, rue des Fossés-Saint-Jacques, Paris*.

Produits pharmaceutiques.

LEPETIT (JULES), *Briquebec (Manche)*.

Produits pharmaceutiques.

DUBUS, pharmacien, *7, rue des Arts, Lille*.

Produits pharmaceutiques.

PEPET, pharmacien, *20, faubourg Poissonnière, Paris*.

Suppositoires Pepet.

DEQUÉANT, pharmacien, *38, rue de Clignancourt, Paris*.

Lotion Dequéant, pour la chevelure.

BERNARD, *à Ain Fakroun (Algérie)*.
Produits pharmaceutiques.

CHAUSSAT (Léopold), *175, Grand'Rue, Poitiers*.
Produits pharmaceutiques.

BOUYER (Octave), docteur, *à Ambérac par Marcillac-Lauville (Charente)*.
Régénérateur pulmonaire.

PUY, pharmacien, *à Poitiers*.
Produits pharmaceutiques.

RAPPELIN, *8, 10, 12, avenue Gambetta. Paris*.
La Dissolvine Rappelin.

GAILLARD, pharmacien, *Montendre (Charente-Inférieure)*.
Produits pharmaceutiques.

VAUGEOIS, pharmacien, *Saint-Maixent*.
Phosphate de chaux, obtenu par procédé spécial.

JOUISSE, pharmacien, *Orléans*.
Masses emplastiques, emplâtres, etc. Membre du Jury, Rochefort, 1898, et Poitiers, 1899.

PRUNIER et Cie, *6, avenue Victoria, Paris*.
Neurosine Prunier, comprimés de Vichy. Membre du Jury, Poitiers, 1899.

CHASSAING et Cie, *6, avenue Victoria, Paris*.
Phosphatine Falières,

HAUTON, *Saint-Nazaire.*
Brillant Oriental.

FRANÇOISE, pharmacien, *Villers-Bocage
(Calvados).*
Produits pharmaceutiques.

HENRY, pharmacien, *à Romans.*
Produits vétérinaires.

EURY, pharmacien, *à La Rochelle.*
Produits Aseptiques. Médaille de Vermeil, Rochefort, 1898.

TRANCHARD, pharmacien, *Bordeaux.*
Produits pharmaceutiques.

CHOMIENNE, pharmacien, *Bordeaux.*
Produits pharmaceutiques.

FLOURENS, pharmacien, *Bordeaux.*
Produits physiologiques. Médaille d'or, Rochefort, 1898.

SOCIÉTÉ ANONYME, « LE CALAYA », *46,
Allées de Tourny, Bordeaux.*
Sirop de Calaya.

CHAMBÉRAUD, *Luz-Saint-Sauveur (Hautes-Pyrénées).*
Produits vétérinaires.

DUVALLET, pharmacien, *à Berck-sur-Mer.*
Produits pharmaceutiques.

BARDY (A), 7, *rue de Rome, Paris.*
Produits aseptiques et antiseptiques.

SOCIÉTÉ FRANÇAISE DES TOURBES PASTEURISANTES, *4, rue de Trévise. Paris.*

Tous produits et tissus dérivés de la TOURBE. Grand prix, Rochefort, 1898. Membre du Jury, Poitiers, 1899.

FERRÉ, *142, bould. Saint-Germain, Paris.*

Produits pharmaceutiques. Médaille d'or.

FAUDON, pharmacien, *59, rue Turbigo, Paris.*

Glucomorrhuum Faudon.

Dr LÉGROS, *1, place de la République, Paris.*

Produits pharmaceutiques.
Membres du jury, Dijon, 98, Poitiers, 99.

DEGRAUWE, *132, rue Lafayette, Paris.*
Fer Bravais, fer Gaffard.

Dr LEPRINCE (MAURICE), *24, rue Singer, Paris.*

Cascarine Leprince.
Membre du jury, Rochefort 98, Poitiers 99.

JOSSET, pharmacien, *6, boul. Arago, Paris.*

Produits pharmaceutiques.
Médaille d'argent, Rochefort, 1898.

BARDET, pharmacien, *76, rue de Sèvres, Paris.*
Solutions du docteur Watelet.
Médaille de vermeil, Rochefort, 1898.

DÉPENSIER, pharmacien, *Rouen.*
Eau précieuse.

ROBIN (Maurice), *13, rue de Passy, Paris.*
Produits pharmaceutiques.
Membre du Jury, Paris, 1895, Poitiers, 1899.

GUINET et Cie, pharmaciens, *1, passage Saulnier, Paris.*
Elixir Saint-Vincent-de-Paul.

PERTUISÉ, *53, rue Vivienne, Paris.*
La Pertuisine, produit hygiénique.
L'artrithine, produit pharmaceutique.

Dr CHOFFÉ, *18, rue des Arts, Levallois-Perret (Seine).*
Vin Désiles.

SOCIÉTÉ DU LAURÉNOL, *8, rue Hérold.*
Laurénol, n° 1.
Laurénol, n° 2.

MAQUAIRE, *31, boul. Montmorency, Paris*
Produits dérivés de l'Eucalyptus.

CRIBIER, pharmacien, *Orléans.*
Vin Cribier.

JULIEN jeune, pharmacien, 59, *rue des Vinaigriers, Paris.*

Produits anti asthmatiques.

Dr DUHOURCAU, *à Cauterets.*

Produits pharmaceutiques spécialisés.

Dr MOUGIN, 25, *boul. Beaumarchais, Paris.*

Pharmacie de Château.
Trousse de secours.

Ve REMY, *8, rue de l'Orne, Paris.*

Produits physiologiques.

RICHOU, pharmacien, 25, *rue Saint-Maurice, Tours.*

Produits pharmaceutiques.

TOUILLET, pharmacien, *à Tours.*

Régénérateur Trouillet.

GIRARD (A.), 22, *rue de Condé, Paris.*

Vin Girard.
Parfumerie Floréine.

DERNEVILLE, *66, boul. de Waterloo, Bruxelles.*

Produits pharmaceutiques.

JACQUEMART, 7, *rue du Marché au foin, Namur.*

La Mélinite, contre les cors aux pieds.
La Jacquemartine, contre les maux de dents.

ROUSSET, *Saint-Chély d'Apcher, Lozère.*
Produits vétérinaires.

JACQUEMIN (GEORGES), *chimiste, Malzeville, près Nancy.*
Levures pures sélectionnées pour la fermentation des vins et vendanges.

PICOT (J.), *41, rue de l'Echiquier, Paris.*
Lessive Phénix.

IATOWSKI ET LOISEAU, *Poitiers.*
Lessive La Violette.

R. POULET, *Poitiers.*
Lessives.

OREZZA (CONCESSION DE L'EAU D'), CORSE *3, rue Rossini, Paris.*
Eau minérale.

LA FAVORITE, — DE VALS.
Eau minérale.

SOCIÉTÉ G^le D'EAUX MINÉRALES NATURELLES DU BASSIN DE VICHY, *Vichy.*
Eaux minérales.
Propriétaire des Etablissements, Mallat; Vairet; Reignier; Ramin; Lavergne; Amélie; et des Sources SAINT-YORRE, Gracieuse, Grande-Source, Grand-Condé, Lavergne, Mallat, Reignier, Rosalie, Sévigné, Siècle (du), Souverains (des). Vairet; HAUTERIVE, Amélie; Bayard; Générale; Globe (du).

SOCIÉTÉ NOUVELLE DES EAUX MINÉ-
RALES DE VICHY (Source des étoiles)
39, rue de Châteaudun, Paris.

Eau minérale.

ROBERT RENÉ, *Eaux minérales naturelles de Vichy, Saint-Yorre, Allier.*

Eaux minérales Château-Robert.

ETABLISSEMENT DE SAINT-GALMIER,
Saint-Galmier, source Badoit.

TELVO MIR, *Alceda, Espagne.*

Eaux minérales.

VILLE DE LA ROCHE-POSAY, *Vienne.*

Eau minérale.

ROMANI-LAURENT, *Rome.*

Produits pharmaceutiques.

Cie DU PHOSPHO-GUANO, *60, rue de
Bondy, Paris.*

Phospho-Guano.

FERRIER ET Cie, *fabricants de savons,
Marseille.*

Savon « Le Chat ».

SOCIÉTÉ ANONYME DES SAVONNERIES
MARSEILLAISES, *Marseille.*

Savons blancs.

FOURNIER DEBIÈVRE, *Lambersart,
Nord.*

Savons.

ROUX (Th.), *savonnier, Marseille.*
Savons.

AUDIBERT, FILS AINÉ, *Marseille.*
Savons.

MORIN ET RICATEAU, *Rouillé, Vienne.*
Produits chimiques, huiles industrielles.

DESMAREST, *9, cour des Petites-Ecuries,*
Paris.
Vaporisateurs de luxe.

ROQUES G. *75, R. Wagram (Le Mans).*
Crèmeine, farine remplaçant le lait pour l'éleva-
ge et l'engraissement des jeunes animaux.

SANDILLON, *Poitiers, rue Magenta.*
Maréchalerie.

OUDIN, *48, rue Lauriston, Paris.*
Maréchalerie.

BERTIN, *bandagiste, Poitiers.*
Bandages.

CAILLOUX, *La Brède, Gironde.*
Produits vétérinaires.

Dr GENDRON, *28, rue du Parlement.*
Sainte-Catherine, Bordeaux.
Fabrique d'instruments de chirurgie.

BERRIOT, inventeur, *St-Thomas (Aisne).*
Spécialités vétérinaires.

QUIMAUD, *pharmacien, Montendre.*
Produits vétérinaires.

BAILLOU, *12, rue Esprit-des-Lois, Bordeaux*.

Elixir Dentifrice..

MICHEL LEGROS, *pharmacien, Limoges*.

Trousses pour la guérison des Morsures de serpents.

VOBORÉ, *bandagiste, Poitiers*.

Bandages et accessoires.

EYNARD, *12, rue de l'Eperon, Paris*.

Sondes et bougies en gomme élastique et en caoutchouc.

TOUILLET, pharmacien, *à Tours*.

Produits vétérinaires.

MORIN, *41, rue des Archives, Paris*.

Bas varices et ceintures.

LAROCHE, frères, *8, rue du Perche, Paris*.

Appareils d'hygiène, bandages.

ROBERT fils, *50, boul. de Reuilly, Paris*.

Biberon Robert.

GROUPE IX

DELAFOY et Cie, *à Chantenay-sur-Loire (Loire-Inférieure)*.

Engrais.

SOCIÉTÉ AGRICOLE ET INDUSTRIELLE DE NANTES, *47, rue Latour-d'Auvergne, Nantes.*

Engrais chimiques.

E. P. CHAUVIN, *7, rue Prairie-d'Amont, Nantes.*

Produits anticryptogamiques, engrais.

BERTRAND, père et fils, et Cie, *La Pallice, La Rochelle.*

Engrais.

LORTET, *constructeur, Gayon (B.-P.).*

Semoir.

Alex. MAILLO, *Avanton (Vienne).*

Charrues.

DEFAS frères, *rue du Bourg-Belé, Le Mans (Sarthe).*

Produits pour l'engraissement des animaux.

ROQUES (Georges), *75, rue Wagram, Le Mans (Sarthe).*

La Créméine.

BOSSARD-GRENOUILLEAU (A)., *droguerie, à Cholet (Maine-et-Loire).*

Le Saint-Antoine, produit pour l'engraissement des animaux.

GROUPE X

PALICE et Cie, *Neuvy-Pailloux (Indre)*
Miel, cire, ruches, produits d'apiculture, etc.

LEGRAND BILEAU, *186, Grande Rue,
Poitiers.*
Articles de pêche.

A VIALLET, *9, rue Lafayette, Grenoble
(Isère).*
Collection d'hameçons et de mouches artificiel-
les. Articles de pêche.

ÉMILIEN BARGEAUD, *ostréiculteur, à la
Tremblade (Charente-Inférieure).*
Huîtres.

A. CORNEAULT, *14, rue Montbernage,
Poitiers.*
Engins de pêche.

GROUPE XI

DESVAUX et DELAHOUTRE, *Charenton
(Seine).*
Produits œnologiques pour la clarification des
vins.

Joseph ACHARD, *viticulteur, Treigneux-d'Hauterives (Drôme)*.
Plants de vignes greffés et producteurs directs.
Plantes fourragères et graines.

TRASFOREST CASANOVA, *rue de la Prévoté, Bordeaux*.
Liqueur Transforest pour bonifier les vins.

GROUPE XII

DELAGE, *84, rue de la Cathédrale, Poitiers*.
Sécateurs, serpettes, greffoirs, etc. ; et tous instruments d'horticulture.

E. DORLÉANS, *architecte, 13, rue du Landy, Clichy (Seine)*.
Une serre.

E. LAURIN, *Poitiers*.
Grains, graines, et légumes secs.

P. PAINGAUD, *58, rue Carnot, Poitiers*.
Grains, graines, fleurs, etc.

Louis COMTE, *Grasse (Alpes-Maritimes)*.
Mastic à greffer.

GROUPE XIII

PERRAULT, *propriétaire, Montreuil-Bellay (Indre-et-Loire)*.

Vins de Saumur.

Nicolas SÈZE, *rue Doidy, 29, Bordeaux*.

Vins Château-Laffitte Canteloup.

Aug. JOUÉ, *propriétaire, Saint-Laurent
de la Salangue (Pyrénées-Orientales)*

Vins rouges de Grenache.

Albert VALET et Cie, *Mareuil-sur-Ay
(Marne)*.

Vins de Champagne.

BORDES fils, *propre, Blaye (Gironde)*.

Vins vieux rouges 1res Côtes de Blaye.

Célestin TALAYRACH, *propriétaire, Pé-
zilla de la Rivière (Pyrénées-Orientales)*.

Vins.

JOSÉ Antonio DO PATRICINIO, *Marvilla-
Lisboa, Portugal*.

Vins de diverses qualités.

Emile BOURGEOIS, *propriétaire, Beni-
Méred (Algérie)*.

Vins rouges et blancs.

CARCENAC, *propriétaire, Plaisance (Haute-Garonne)*.

Vins blancs et rouges.

Emilien CHARVOZ, *propriétaire, Modane Gare (Savoie)*.

Vins rouges et blancs d'Italie. Vin blanc mousseux.

Charles VAVASSEUR, *Les Bidaudières, Vouvray*.

Vins 1893-95-96-97.

BRUSSEAU F., *régisseur Château de Brizay, par la Tricherie (Vienne)*.

Vins blancs du Château de Brizay.

DELAUNAY, *propriétaire, rue Théodore-Ducos, 19, Bordeaux*.

Vins de Bordeaux Château Cambon-la-Pelouse.

GRANÈS et fils, *propriétaires, Elne (Pyrénées-Orientales)*.

Vins rouges de table. Vins de dessert.

SVENSKA VINFABRIKS AKTIEBOLAGET, *Stockholm (Suède)*.

Vins.

A. VISSIÈRES, *Château Laguloup, Léognan (Gironde)*.

Vins rouges. Château Laguloup.

JOSÉ Antonio D'OLIVERA SOARÈS, *Evora (Portugal)*.

Vins rouges et vins blancs.

FRATELLI FERRERO FU GIOACHINO, *Bra (Italie)*.

Vins de Barolo de diverses années.

7

CHAMPIGNY Théodose, *Thuré (Vienne)*.
Vins rouges et eaux-de-vie.

DÉMÉTRIUS-DIALECTOU, *Nicosie (Chypre)*.
Vin noir. Vin doux. Eau-de-vie de vin. Alcool, extra neutre.

Alexandre FRICHOU, *propriétaire, Saint-Aigulin (Charente-Inférieure)*.
Vin blanc. Vin rouge. Eaux-de-vie.

FOHRER frères, *propriétaires, Colonie Elénendorf (Russie. Caucase)*.
Vins et Eaux-de-vie.

J. P. BLANDIN, *viticulteur, Magaratch. Crimée. Russie.*
Vins blancs. Vins rouges et liqueurs.
LA GÉNÉRALE WINNER, *Arteck, Russie.*
Vins de Russie.

GROUPE XIV

BERTON, propriétaire, *La Chapelle-Saint-Laurent (Deux-Sèvres)*
Quinquina Saint-Laurent.

ANDRÉ, propriétaire, *Bonneville (Charente)*.

Eaux-de-Vie.

Paul CHEVALIER, *Boulevard Bajon, Poitiers (Vienne)*.
Vins mousseux. Liqueurs.

FRÉMY Lucien, *Chalonnes-sur-Loire*.
Liqueurs diverses. Sirops divers. Vins champagnisés. Eaux-de-Vie.

Georges DARIZCUREN, *4, rue des Glacières Bordeaux*.
Bitter Raillac.

COINTREAU, *Angers (Maine-et-Loire)*.
Triple-sec Cointreau.

Georges DARIZCUREN, *4, rue des Glacières, Bordeaux*.
Société des produits de l'Armagnac. Eaux-de-Vie du Château Henri IV.

Louis PYARD, propriétaire-viticulteur, *Gray (Hte-Saône)*.
Vin rouge et eau-de-vie de marc.

Emmanuel FEUTRAY, *rue Dumont d'Urville. Toulon (Var)*.
Rhum des Saintes.

J. CHAMBRE, négociant, *cours Vergnaud (Limoges)*.
Quinquina, vins blancs et rouges. Clos Testugières.

Andr DELOR, négociant, *Limoges (Hle-Vienne)*.

Fine sève de cognac.

BRISSON fils et G. BAUDIN, Distillateurs, *Châtellerault (Vienne)*.

Liqueurs.

Raymond TOULOUSE et Cie, *cours Bal-guérie Stuttemberg. Bordeaux*.

Robur quinquina.

A. CADRÈS et Cie, négociants, *Bordeaux*.

Rhum martinique.

LANNOIS Georges, *Le Blanc* (Indre).

Kirsch et eau-de-vie.

J.-H. SOUQUIÈRES, Distillateur, *Niort (Deux-Sèvres)*.

Liqueurs et apéritif.

MARMÈS Arthur, distillateur, *Neauphle-le-Château (Seine-et-Oise)*

Liqueurs et quinquina Marmès.

CROCHARD et Cie, *18, rue des Cordeliers, Poitiers (Vienne)*.

Liqueur de prunelles cristallisée.

Louis SIMON, négociant, *Chaumont-sur-Marne*.

Sadi quinquina. Viaduc.

Eugène CESVET, distillateur, *Arçay (Vien-ne)*.

Eaux-de-vie. Vins blancs.

CHASTENET frères, *Périgueux, Dordogne.*

Quinquina des Princes.

RÉQUIER frères, *Périgueux, Dordogne.*
Liqueur (La Gauloise).

TRANCHANT Jules, distillateur, *Chauvigny (Vienne).*

Eaux-de-vie et liqueurs.

R. PICAURON, négociant, *Burie (Charente-Inférieure).*

Sève, Charentaise, Marque Georges Rodolf.

M. Eugène ANDRÉ, *6, boulevard Saint-Denis, Paris.*

Extrait concentré de citrons frais.

DAMADE VIVIER, *Corbie (Somme).*
Limonade gazeuse. Cyclo, Soda et Sirops.

Frédéric GUÉRY, *Angers (Maine-et-Loire).*

Liqueurs diverses, guignolet, triple-sec, cherry Brandy, menthe supra.

J.-B. et Louis GRAU, *Tourcoing (Nord).*
Amer de Hollande dit Petit-Rouge.

Arthur CHALÉROUX, distillateur, *Ruffec (Charente).*

Liqueurs premières marques.

J. KANOUI et LACHKAR distillateurs, *Alger Bab el oued.*
Eau-de-vie anisée.

OTTO RITER, *Breslau, Allemagne.*
Eau-de-vie de blé.

PAUL BRISSOT, Distillateur, *Provins (Seine-et-Marne).*
Spiritueux. Liqueurs et sirops.

G. VIDAL ET G. DUPUY, Distillateurs, 259, *rue Mandron, Bordeaux.*
Liqueurs et sirops de leur fabrication.

QUINT CAMILLE, Distillateur-Liquoriste, *Chauny (Aisne).*
Absinthe orientale, Quinquina au Malaga.
Liqueurs et fruits à l'eau-de-vie.

ROUVEIROLLIS, *Poitiers.*
Vins et spiritueux.

JOSÉ SUAREZ LLAGUNO
Bilbao Calle Nueva
Liqueurs diverses. Escarchado.

FRANÇOIS DOUTEAU, négociant en vins et spiritueux, *Chantonnay, Vendée.*
Quinquina. Rosarine. Apéritif. Rouges et blancs.

COLAS ALBERT, *1, place Jussieu, Paris.*
Alcools et spiritueux. Kola-Coca.

CHENILLEAU ᴇᴛ EMERIT, Négociants à
 Niort (Deux-Sèvres).
Produits de leur distillerie.

Aɴᴀᴛᴏʟᴇ COULON et Cie, *53, quai des
 Chartrons, Bordeaux.*
Rhums importation directe.

Cᴀᴘɪᴛᴀɪɴᴇ DUPON, *87, rue de la Course, Bordeaux.*
Rhum du capitaine.

PICON et Cie, *rue Serr, Bordeaux.*
Amer Picon.

Fʀèʀᴇ ARCADE, *agent général de la distillerie de Saint-Gabriel.*
Liqueur Saint-Hubert. Cordial Saint-Hubert.

MOREAU BARBOU. Liquoriste à *Entrains
 (Vienne).*
Liqueurs.

BIOT Aʟʙᴇʀᴛ, Liquoriste à *Blois.*
Quinquina Chambord.

BERNARD Jᴇᴀɴ RIBAUD, cafetier : Bordeaux.
Quinquina Ribaut. Apéritif de l'alliance.

F. W. MANEGOLD, *Berlin, Allemagne.*
Liqueurs.

MURE Cʟéᴍᴇɴᴛ BOUQUET. *Surgères.*
Eau-de-vie en fûts et bouteilles.

Aɴᴀᴛᴏʟᴇ CLOT, *Saint-Hilaire du Rosier
 (Isère)*

Jus de cerises pour Ratafias et liqueurs.

ROBERT Albert, Négociant au *Bouscat* (*Gironde*).

Rhums.

L. M. LIEUTARD et Cie, *Aix-en-Provence. Bouches-du-Rhône.*

Sirops divers. Gentiane. Kola.

TRASFOREST-CASANOVA, *rue de la Prévoté, Bordeaux.*

Liqueurs et fine Sèves de leur fabrication.
Conificateur pour vins et cognacs.

VITTON Prosper, *rue Suchet, 15, Lyon.*

Bar de dégustation. Liqueurs de premières marques.

GROUPE XV

BRASSERIE DE TANTONVILLE (TOUR-TEL, administrateur), *à Tantonville (Meurthe-et-Moselle).*

Bière.

GUILLEMINOT et Cie, *brasserie du Pont-Neuf, Poitiers.*

Bière.

M. GAUTIER, *3, avenue de Launay, Nantes (Loire-Inférieure).*

Cidres.

LORNE (P.), *Grand'Rue, Poitiers.*
Bières. Malts et houblons.

GRANDE BRASSERIE DE CHAMPI-
GNEULLES, *près Nancy, (Meurthe-
et-Moselle).*
Bières.

ESKILSTUNA BRYGGERI, AKTIEBOLA-
GET, *Eskilstuna (Suède).*
Bières.

GROUPE XVI

J. GALIMARD, *confiseur, Flavigny (Côte-
d'Or).*
Anis de l'Abbaye de Flavigny.

MONTAGUT (Emile), *route de Bordeaux,
Poitiers.*
Huiles de noix. Cernaux.

VERDIN-FAUCHER, père et fils, *Neuville-
de-Poitou (Vienne).*
Huiles de noix, de graines. Vinaigre pur vin.

CASIEZ-BOURGEOIS, *Cambrai (Nord).*
Chicorée.

DELIEUZE GALEN et fils, *Aniane (Hé-
rault).*
Olives et Capres.

A. GUIMIER fils, *conserves*, *Richelieu*
(*Indre-et-Loire*).
Conserves alimentaires. Salaisons.

SOCIÉTÉ DES FABRICANTS DE BIS-
CUITS, *marque Olibet jeune*, *Talence*
(*Gironde*).
Biscuits Olibet.

FARLIN, *40*, *rue d'Anvers*, *Marseille*
(*Bouches-du-Rhône*).
Fromages.

MAX, JACQUES et Cie, *huiles*, *à Salomé*
(*Nord*).
Huiles et tourteaux.

Cʜ. LANDRAGIN, *Ribécourt (Oise)*.
Produits alimentaires. Sauce française.

Fʀᴀɴçᴏɪs GIBRAT, *Arles, près Perpignan*
(*Pyrénées-Orientales*).
Huiles d'olives.

Aᴜɢ. BRINON, *pâtissier*, *Châteauneuf-
sur-Loire*.
Croquettes, pâtisseries.

DIEU frères, *Arras (Pas de-Calais)*.
Huiles de lin. Œillettes, etc.

J. S. FRY ET SONS Lᵗᵉᵈ, *Union Street,
Bristol (Angleterre.)*
Chocolats et Cacaos.

RENOULT (Jules fils), *au Val Chrétien, par Fère-en-Tardenois (Aisne)*.

Fromages.

Léon FOURNIER, *Moustier-Ste-Marie (Basses-Alpes.)*

Pâté de grives, pâté de perdreaux, perdreaux truffés.

J. RAYNAUD DE MAZAN, *Marseille (Bouches-du-Rhône)*.

Epices Rabelais.

GEORGES ALEXANDRE, *Pouilly-le-Fort (Seine-et-Marne)*.

Fromages de Brie.

LAUDREN frères, *Saint Nazaire (Loire-Inférieure)*.

Homards et saumons en conserves.

E. POPLINAUX, *Niort (Deux-Sèvres)*.

Vinaigres.

A. PRENANT, *Lussac-les-Châteaux*.

Biscuits et macarons.

MARTIN SÉNÉQUIER, confiseur, *Saint-Tropez (Var)*.

Croquettes Sénéquier.

PARMENTIER ET BESNIÈR, *Douarnenez (Finistère)*.

Sardines et maquereaux à l'huile.

J. GARREAU, 22, *Grande Rue, Poitiers.*
Huiles de noix et Tourteaux.

R. DE CARVALHO ET Cie, *Levallois-Pe-
ret (Seine)*
Cafés Carvalho.

SOCIÉTÉ DU MALT CARDINAL-RICHE-
LIEU, *Seraincourt, par Meulan.*
Malt Cardinal de Richelieu.

HEDIGER, *laiterie de Vars (Charente.)*
Beurres et fromages.

E. BRUYER fils, *boulevard Carnot, Alger
(Algérie).*
Produits alimentaires.

CH. JEANNEAU, *Janzé (Ille-et-Vilaine.)*
Présures et extraits de présures. Ferments lac-
tiques. Stérilitats.

P. BOISSONNAT, charcutier, *Lorette
(Loire).*
Saucissons, charcuterie.

LAITERIE COOPÉRATIVE, de *Courçon
(Charente-Inférieure).*
Beurres frais.

P. BONNIN, confiseur, *rue Bourbon, Châtellerault.*
Pâtisserie-confiserie.

P. N. KHARINE, *Rovenky, Gouvernement de Voronets (Russie)*.

Farines russes.

F. GRAU Y CABALLERO, *Villena (Espagne)*.

Huile d'olive.

JOHN BRAADLAND, *Stavanger (Norvège)*.

Conserves. Anchois de Norvège.

A. KOUZANIAN et Cie, *Rostoff-sur-Don (Russie)*.

Cafés.

PAGOLA Y LLAGUNO, *12, rue Estufa, à Bilbao (Espagne)*.

Conserves de saucisses.

V. A. RICHARD, *rue des Petites-Ecuries, Paris*.

Produits alimentaires.

MATHURIN. MATHUR, *Civray (Vienne)*.

Pâtés et macarons.

RAGOIX, *1, rue de la Gare, Dijon (Côte-d'Or)*.

Colis postaux dijonnais, Pains d'épices.

ROUSSEL *père, Roquefort (Aveyron)*.

Fromages de Roquefort.

ROUCHIER (MAURICE), *Poitiers (Vienne)*.

Biscuits.

CORMIER, *Paris.*
Produits alimentaires.

SOCIÉTÉ FRANÇAISE du MALT KNEIPP,
66, *boulevard Sébastopol, Paris.*
Malt Kneipp.

PÉCHERY, *charcutier, Clamecy (Nièvre).*
Andouillettes.

CONFISERIE DE LA GRANDE BRETA-
GNE, *rue du Stade, Athènes (Grèce).*
Confiserie. Nougats.

DUROCHER, *rue du Chaudron d'Or (Poitiers).*
Pâtés truffés ; salle à manger servie.

GOURDIN, *rue Gambetta (Poitiers).*
Cafés, thés, vanille.

CHARENTON et A. GUÉRIN, *laiterie Chauvigny (Vienne).*
Beurres et produits de laiterie.

DANONVILLE (P.), 85, *boulevard de Charonne (Paris).*
Confitures. Fruits glacés, pulpes de fruits marrons glacés.

LAITERIE COOPÉRATIVE de *Nalliers,
(Vendée).*
Beurres.

DURAND, *pâtissier, Taulignan (Drôme).*
Pâtisserie.

Auguste BÉRANGER, *viticulteur, Cognes*
(*Alpes-Maritimes*).

Huiles.

Maurice DUPUIS, *fromages aux Mouli-
neaux (Seine-Inférieure)*

Beurres et fromages.

SOUCHAUD, *rue de la Regratterie (Poitiers).*

Café hygiénique. Brillant végétal.

A. LAMY, *boulevard de Strasbourg. Le
Hâvre (Seine-Inférieure).*

Gâteaux bretons.

DUCLUZEAU, *boulanger, Châtellerault.*

Boulangerie.

CHATEAU-IMBERT, *charcutier, Cler-
mont-Ferrand (Puy-de-Dôme).*

Saucissons, jambons, lard et salaisons.

MONTOUX-BOURREAU, *1, rue du Petit-
Bonneveaux (Poitiers).*

Cafés verts et torréfiés, thés, chicorées.

CARRAUD jeune, *11, rue Magenta (Poitiers).*

Cafés.
Produits Kneipp (méthode Favrichon).

LAITERIE COOPÉRATIVE DE DANGÉ
(*Vienne.*)

Beurres.

Louis DEMONGEOT, *Senaïde (Vosges)*.
Fromages.

Aug. HESS, *rue Tête-d'Or, Lyon*.
Huiles et graisses.

VENAULT DE LARDINIÈRE, *La Livrage,
par Lusignan (Vienne)*.
Beurres.

R. SEGUIN, laiterie, *Châtellerault (Vienne)*
Beurres.

GROUPE XVII

LAGARDE (Mme veuve), *Gençay (Vienne)*.
Broderies en tous genres.

F. THIBAUD, *l'Arsenal, commune de Ges-
tigné, près Clisson (Loire-Inférieure)*.
Laines à tricoter, bonneterie, laines en tous
genres.

ERDRICH, *49, rue Saint-Rome, Toulouse
(Haute-Garonne.)*
Chemiserie.

J. EGALON, *Saint-Paul-de-Fenouillet
(Pyrénées-Orientales)*.
Gourdes.

MANUFACTURES DE LIANCOURT (M. G. GOUFFÉ, directeur), *Liancourt (Oise)*.
Chaussures fabriquées mécaniquement.

P. PLISSON, *13, rue Gambetta, Poitiers*.
Peaux d'oies.

SOCIÉTÉ ANONYME DES PARFUMS DU LITTORAL, *Fréjus (Var)*.
Parfumerie.

J. BOULLEAU, *La Crèche (Deux-Sèvres)*.
Etoffes.

L. CHAILLOUX, *Châteauneuf-sur-Loire (Loiret)*.
Cordages et ficelles.

Mme GUITTON, *rue Alleron, Tours (Indre-et-Loire)*.
Broderies en tous genres.

Aug. MAIN, coiffeur, *Niort (Deux-Sèvres)*.
Postiches et cheveux pour dames.

Vᵛᵉ COURTOIS-PERROT, *Poitiers*.
Peaux d'oies et de cygnes.

DUBRŒUCQ, *boulevard du Grand-Cerf, Poitiers*.
Toiles à bâche imperméables.

A. LAVERGNE et fils, tanneurs, *à Bellac (Haute-Vienne)*.
Veaux cirés.

MOTHE, *Aubusson (Creuse)*.

Fil aux Armes d'Aubusson.

PROSPER NOIZEUX, *80, 82, rue Quincampoix, Paris*.

Cordes, cordages, ficelles, attaches de luxe et ordinaires.

LE CORSET ROYAL, *10, rue de la Paix, Paris*.

Corsets sur bustes, corsets expansibles.

TAFFONNEAU (AL.) et CHOLLET, *5, rue d'Hauteville, Paris*.

Fantaisies pour modes, ornements or et jais.

D. LEPRINCE, *37, Rue d'Aboukir, Paris*.

Boutons artistiques.

J. KAUFFMANN, *à Mulhouse (Alsace)*.

Cannes et manches de parapluies.

J. MONTÉS, Arsenal, *4, Bilbao (Espagne)*.

Casquettes, bérets et casques.

S. J. CATO, *Upsala (Suède)*.

Chaussures.

DESMARET, *9, rue des Petites-Écuries, Paris*.

Vaporisateurs de luxe.

ROQUEBLAVE, *place Bréda, Paris*.

Parfumerie.

Mme DULADOUX, 55, *boulevard Sébasto-pol, Paris.*

Articles de sachet, abat-jour, etc.

GIRAUD, *boulevard Pont-Achard, Poitiers.*

Jouets.

Mlle J. LANGELIER, *à Aigrefeuille (Cha-rente-Inférieure).*

Dentelles et dessus de lit au crochet. Broderies.

PEIGNON, *rue des Grandes-Ecoles, Poi-tiers.*

Fourrures, etc.

JULIEN Alcide, *14, place du Marché, Poitiers.*

Gilets. Bonneterie.

Mme LACOTE-MAUVE, 58, *rue Gambetta, Poitiers.*

Costumes d'enfants.

MOREAU, *1, rue Saint-Michel, à Vitry-le-François (Marne).*

Capotes, capelines, bagnolets, etc.

FAUDRY-GONTIER, *à Mansle (Charente).*

Bonneterie.

Vve GREUILLET-BAILLARGEAU, *rue de la Chaussée, Poitiers,*

Peaux d'oies.

———————

GROUPE XVIII

DELAGE, *84, rue de la Cathédrale, Poitiers.*

Coutellerie, Ciseaux, etc.

BESSET-JARRIGE, *Thiers, P.-de-D.*

Coutellerie.

Paul CORNET, *rue Carnot, Poitiers.*

Sièges, bancs, etc.

POULET et fils, *menuisiers, Saint-Maixent (Deux-Sèvres).*

Modèle réduit d'escalier en bois.

A. OGIER, *rue des Basses-Treilles, Poitiers.*

Glaces vitraux et divers objets se rattachant à l'industrie du verre et de la glace.

DECHAUME, *3, rue de la Regratterie, Poitiers.*

Quincaillerie.

F. OUDIN, *48, rue Lauriston, Paris.*

Maréchallerie.

PROUX, *16, rue Théophraste-Renaudot, Poitiers.*

Baignoires et appareils de bains, appareils de toilette, lavabos et plomberie.

MOUET, *rue Gambetta, Poitiers.*

Articles de jeux.

RIBRON, *100, Grande-Rue, Poitiers.*
Une pendule et 2 candélabres en bois moisé. Gué-
ridon en couvertures de boîtes d'allumettes
bougie.

NIVEAUX-LÉGER, *Grande-Rue, Poitiers*
Mesures en bois cribles et tamis.

C. TIREAU et CH. FIX, 70-72, *rue du
Faubourg-Saint-Antoine, Paris.*
Ameublements, sièges et tentures, de salle à
manger, chambre à coucher et salon. Ebénis-
terie d'art.

J. PILARD, *au Kremlin-Bicêtre, Seine.*
Meubles et vitrines spéciales pour pharmaciens
et photographes.

Paul FLÔHR, *9, rue Saint-Ambroise, Paris.*
Baguettes dorées.

CANTONI et MILON, *Grand'Rue, Poitiers.*
Tentures.

L. ROYER, *38, rue Claude-Vellefaux,
Paris.*
Rayonnages mobiles s'appliquant à l'industrie,
au commerce et à l'habitation. Etagères pari-
siennes, bibliothèques fixes et tournantes, etc.,
etc. Toiture démontable.

MAISON KRIÉGER, A. DAMON COLIN.

successeurs, 74, faubourg Saint-Antoine, Paris.

Meubles de salon. Aubusson. Petites tables marqueterie et bronze d'art.

ETABLISSEMENTS ALLEZ frères, *1, rue Saint-Martin, Paris.*

Meubles de jardins.

BATACHOF frères, *Toula (Russie).*

Samovars.

N. S. BATACHOF, *Toula (Russie).*

Samovars.

ZALIAVINE, *Selo-Vorsma (Russie).*

Coutellerie.

BOUTIN (Placide), *rue du Gervis-Vert Poitiers.*

Salle de bain.

GROUPE XIX

LEGORGEU et Cie, *Vire (Calvados).*

Colonnes en granit poli pour autels.

F. LAGRANGE, *rue Gambetta, Angoulême (Charente)*

Vitraux.

A. SUREAU, *132, Grand-Rue, Poitiers*

Panneau décoratif et Statues.

M. Labbé VACHÈRE, *Mirebeau (Vienne)*.
Une chasuble artistique.

MILLET Léon, *rue du Mirail, Bordeaux*.
Peintures décoratives et peintures religieuses.

J.-H. BONNET, *4, rue Valdec, Bordeaux*.
Peintures décoratives pour églises.

SONNEVILLE Constant, *41, rue Beyaert,
Tournai (Belgique)*
Plans d'églises.

MARCHAND, serrurier, *Vouneuil-sous-
Biard (Vienne)*.
Appui de Communion en fer forgé.

GROUPE XX

FRESSINAUX de MAX de FEIX, *Fleuré
(Vienne)*.
Terre réfractaire.

Cie de FABRICATION FRANÇAISE du
NICKEL, Salomon HIRSCH (Directeur),
rue Hennequin, Paris.
Nickel.

RAT, *rue de la Beaume, Poitiers.*
Traveaux de Marbrerie, Tombeau Granit.

A. BRUNET, *place d'Armes, Poitiers*.
Charbons de Cardiff.

GROUPE XXI

C. GALLAND, *La Châtre (Indre)*.
Appareils à acétylène.

V. DAIX, 72, *rue Louis-Blanc, Paris*.
Appareils à acétylène.

MAGNARD ET Cie, *Fourchambault (Niè-vre)*.
Appareils à acétylène.

E. PUCELLE, *28, rue de Bordeaux, Sau-mur (Maine-et-Loire)*.
Alambic monté sur charriot.

F. LHOMMET, *42, rue Magenta, Poitiers*.
Appareils à acétylène.

MARC LÉTANG, *boulevard de la Roche, Poitiers*.
Appareils à acétylène.

J.-L.-A. FOUCHET LÉPINAY, *au Dorat (Haute-Vienne)*.
Appareils à acétylène gazogène et gazomètre.

JACQUEMIN, *68, rue Gambetta, Poitiers*.
Appareils à acétylène.

F. BERGER ET Cie, *66, rue de Lyon, Vienne (Isère)*.
Générateur de gaz acétylène.

H. LANNOIS, *Arc-en-Barrois (Haute-Marne)*.

Appareils à acétylène.

SOCIÉTÉ D'EXPLOITATION DES BREVETS, J. REIBEL, *7 bis, rue du Louvre, Paris*.

Appareil générateur de gaz acétylène.

FOURNIEUX et ISAAC, *Montmorillon (Vienne)*.

Appareils à acétylène.

TABARD et MIZGIER, *22, rue d'Algérie, Lyon*.

Appareils à acétylène (le Symplex).

SOCIÉTE ÉLECTRO-MÉTALLURGIQUE de SAINT-BÉROU, *6, quai de Retz, Lyon*.

Carbure de Calcium.

DECOUT-LACOUR, *constructeur, La Rochelle (Charente-Inférieure)*.

Pièces de mécanique générale.

MARCELIN ALLARD, *Orléans (Loiret)*.

Appareil automatique, à acétylène à chute de carbure sans pression.

GROUPE XXIII

MULLER ET ROGER, *108, avenue Philippe-Auguste, Paris.*
Appareils accessoires de chaudières et machines à vapeur, robinetterie. Graisseurs, etc.

MORIN ET RICATEAU, *Rouillé (Vienne).*
Huiles et graisses industrielles, fournitures de machines.

CH. CAILLAUD, *boulevard Pont-Achard, Poitiers.*
Charpentes en fer et travaux métalliques. Pompe colibri.

F. BANGERTER, mécanicien, *Ste-Suzanne, près Montbéliard (Doubs).*
Machine à fabriquer les chaînes de montres.

SOCIETÉ FRANÇAISE DE MATÉRIEL AGRICOLE ET INDUSTRIEL, *Vierzon (Cher).*
Locomobiles, batteuses, moteurs à pétrole.

H. VANRULLEN, *Verwicq (Nord).*
Tuyaux en toile pour pompes.

COMPAGNIE POUR LA FABRICATION DES COMPTEURS ET MATÉRIEL D'USINES A GAZ, *boulevard de Vaugirard, Paris.*
Un compteur d'électricité Thomson. Un comp-

teur O. K. Une coupe compteur d'eau Fraser. Une coupe (Etoile).

DONATIEN CARTIER, *Poitiers.*

Charrue.

E. PUCELLE, 28, *rue de Bordeaux, Saumur (Maine-et-Loire.)*

Pompes.

ENRINGER ET MARCHAND, *101, faubourg St-Denis, Paris.*

Appareils à distiller, etc.

L. ROLLAND, *9, rue des Trois-Rois, Poitiers.*

Machines à coudre.

Hector DEPREUX, *Viesly (Nord).*

Courroies.

ARCIS et LONG, *cours Vitton prolongé, Lyon (Rhône).*

Courroies.

Joseph URSEAU, constructeur, *Frémur, près Angers (Maine-et-Loire).*

Houes à cheval.

Eugène WELS, *boulevard Chasseigne, Poitiers.*

Cylindres pour moulins.

Anatole BURIN, *Saint-Cénery le géré, par Saint-Denis-Saint-Sarthon (Orne).*

Machine à perforer et mèche spéciale.

J. DARENNE, *Saint-Ciers-la-Lande (Gironde)*.

Machine à greffer.

E. POILLON, 7, *rue Leroux, à Amiens (Somme)*.

Grilles pour foyers de chaudières.

LEMOINE, *Rouen (Seine-Inférieure)*.

Concasseur mécanique pour les charbons, cokes, et anthracites.

GILBERT, constructeur, *Loudun (Vienne)*.

Machine fixe.

AUGÉ Daniel, *92, rue des Arts, Levallois-Perret (Seine)*.

Moteur à pétrole pour automobiles.

LEVEILLÉE Henri, *Dinan (Côtes-du-Nord)*.

Modèle de roue hydraulique avec barrage, propulseur hydraulique.

A. BRUN et BARBIER.

Dessin représentant un nouveau mode de transmission du mouvement du piston, dans les moteurs à explosion.

CH. LYON.

Pinces à plomber.

G. ANCEAUX.

Pompe Ritter pour tous usages.

A. LHÉRITIER et Cie, *Plaine Saint-Denis*.

Huiles à graisser.

H. FLEURY.
Machines à couper le papier, le carton et le tissu ; machines presse à dorer à balancier, et à volonté. Presse en fer pour l'impression taille-douce.

Jules ROTIVAL, *rue Lafayette, 83, Paris.*
Tableau représentant un wagon réservoir.

SCLAVERAND, *rue Cafarelli, 6, Paris.*
Accessoires de bicyclettes. Tricycle à pétrole.

E. WELS, *boulevard Chasseigne, Poitiers.*
Voiture automobile à 4 roues.
Voiturette.

J. ARMAND, sellier, *Mollans, Drôme.*
Huile pour l'entretien de la Sellerie.

A. ROSSEL WETZEL et fils. Tanneries de Sochaux, près *Montbéliard (Doubs).*
Cuirs appliqués à la vélocipédie.

PETIT MÉRIOT, *Loudun (Vienne).*
Roue à 1000 raies.

LALLEMENT et Cie, *boulevard de la Villette, Paris.*
Coussins de voiture.

GRIL, *rue Carnot, Poitiers.*
Voitures de luxe.

A. FLOCHET, *Grande-Rue, Poitiers.*
Four Flochet fonctionnant au bois et au charbon.

Société anonyme franco-belge des carrières de Vireux (*Ardennes*).

Pavés pour rues et trottoirs.

Pierres cassées pour route.

RANGIER CH. à la *Salautières, commune de Luxé (Charente)*.

Chaux et pierres.

Alexandre dit CHAPELLE, *rue de l'Éperon, Poitiers (Vienne)*.

Travaux en ciment.

L. Irène CIERS-MANSAN, *Mézin, Lot-et Garonne*.

Lièges agglomérés, briques et carreaux, appliqués à la construction.

DAIGNE, *La Chapelle-Montreuil (Vienne)*.

Chaux des fours à chaux de Clermont.

FONTAINE et Cie, *Nesle-les-Boulogne (Pas-de-Calais)*.

Briques réfractaires, carreaux et dalles en grès artificiel ingélif.

G. MAROT, *44, boulevard Bajon, Poitiers*

Travaux en ciment.

BARDET, *34, rue des Carmélites Poitiers.*

Four.

GENEVIÈRE-BONNIOT, *Saintes (Charente-Inférieure)*.

Carreaux mosaïque.

CHAUMAT, *Angoulême (Charente)*.

Tableaux mosaïque.

BEAUMONT-BOURGUEIL, *Sainte-Maure-de-Touraine, Indre-et-Loire*.

Fours pour boulangers et pâtissiers.

MARCHAND et CHATILLON, *Chauvigny (Vienne)*.

Un bloc de pierre. Echantillons pierre de taille.

DELÉPINE, *peintre, rue du Marché, Poitiers*.

Panneau décoratif, faux bois et marbres.

DUBRŒUCQ, *boulevard du Grand-Cerf, Poitiers*.

Stores et toiles peintes. Enseignes et Lambrequins transparents, peinture sur toile vitrifiée.

BOULAINE, *rue Lamandé, 17, Paris*.

Nouveau mode de couverture assurant l'imperméabilité des couvertures en verre.

LEROUX, *boulevard Victor-Hugo, Mustapha, Alger*.

Plan d'un chai à température haute et basse.

BERGOUIN, *entrepreneur, Châtelaillon (Charente-Inférieure)*.

Plafond à armature incassable.

J. SCHNEIDER, *Saint-Sébastien, Espagne*.

Produits réfractaires.

GROUPE XXVI

DONATIEN-CARTIER, *Montbernage, près Poitiers.*
Bateau à pédale. Avec sonnerie parlante.

F. H. MARTRON, *Poitiers (Vienne).*
Modèles d'obus et dessins.

J. ARNAUD-GOURSARAUD, 7, *rue Carnot, Poitiers.*
Armes finies et en blanc. Articles de chasse.

A. GABILLARD, *armurier, Châtellerault (Vienne).*
Armes.

Vve BOUVIER, *boulevard, Pont-Joubert, Poitiers.*
Petits navires.

A. SAIGNAC et MARCHIVE, *Jarnac (Charente).*
Gilets de sauvetage.

GROUPE XXVII

PAUTHIER frères, *Angoulême (Charente)*
Accumulateurs électriques pour usages médicaux

Cie GÉNÉRALE DE TRAVAUX D'ÉCLAI-

RAGE ET DE FORCE, 23, *rue Lamartine, Paris*.
Lampes à Arc.

GROUPE XXIX

SOCIÉTÉ AGRICOLE ET INDUSTRIELLE
DE NANTES
Filtre magnétique.

FOUGÈRE, *Grande Rue, Poitiers,*
Filtre pour citerne

GROUPE XXX

EMRINGER et MARCHAND, *faubourg
Saint-Denis, Paris*
Pulvérisateurs, Soufreuses.

GROUPE PARISIEN

ROTIVAL (JULES), *Président-Directeur de la Cie des Wagons réservoirs, 83, rue Lafayette, Paris.*

Modèles de Wagons transporteurs de Liquides.

LHÉRITIER (A.) et Cie, *86, Avenue de Paris, plaine Saint-Denis (Seine).*

Huiles et graisses.

FLEURY (H.), *Constructeur-mécanicien, 65-67, rue du Champ-d'Asile, Paris.*

Machine à couper le Papier, le Carton et le Tissu. — Machine-Presse à dorer, à balancier et à volant. — Presse en fer pour l'impression en taille-douce.

FÉRON (G.), *Fournisseur du Ministère de la Guerre, 13, rue Turbigo, Paris.*

Papiers d'emballage.

KRIÉGER (A.), DAMON et COLIN (Maison), *74, faubourg Saint-Antoine, Paris.*

Meubles de salon Aubusson. — Petites tables marqueterie et bronze d'art.

KANRIAU, *avenue de l'Opéra, 10, rue Gaillon, Paris.*

Tableaux reproductions. — Plaques sèches, au Gélatino-Bromure d'argent. — Extra-rapide.

MARTINET, DESSOLLE et Cie, *121, rue de Paris, Saint-Mandé (Seine).*
Electro-Métallisation. — Panneaux décoratifs, statuettes, zinc de toiture cuivré, etc.

LARUE (Paul), *Sculpteur-Décorateur, 86, rue Lecourbe, Paris.*
Ornements en plâtre, cartel en bronze.

DUVAUX, *Sculpteur, 86, rue Lecourbe, Paris.*
Plat « les Saisons ».

LEPRINCE (D.), *37, rue d'Aboukir, Paris.*
Boutons artistiques.

DE GRANDMONT (P.), *14, rue du Quatre-Septembre, Paris.*
Canne-secours perfectionnée.

BIARDOT, *22, place de la Madeleine, Paris.*
Edition musicale artistique.

RIVET (Mlle Jeanne), *Paris.*
Œuvres musicales.

LACROIX (A.) et Cie, *Chimistes, 184 et 186, avenue Parmentier, Paris.*
Crayons et Pastels vitrifiables. Spécimens de dessins.

CHRISTOFLE et Cie, *Orfèvres, 56, rue de Bondy, Paris.*

Jardinières, candélabres, coupes, etc.

LYON (Ch.), *Graveur, 13, rue Chapon, Paris.*

Timbres en caoutchouc, timbres en cuivre, boîtes complètes, specimens de gravure. Pinces à plomber.

LEVÉE (F.), *8, rue du Sentier, Paris.*

Papeterie, Registres, Impression, Livres et Car nets d'échantillon.

Etablissements **ALLEZ** frères, *1, rue Saint-Martin, Paris.*

Meubles de jardin.

BELLEAU, successeur de **COUVERT**, *Reims.*

Vins de Champagne.

DURIF (A.) fils, *Gisors (Eure).*

Papiers d'emballage et autres.

BLONDEL (Alphonse), *Facteur de Pianos, 53, rue de l'Echiquier, et 16, rue du Faubourg-Poissonnière, Paris.*

Piano acajou naturel, orné de peintures artistiques. Piano oblique noir.

GEORGE (G.), *9, rue Saint-Fiacre, Paris.*

Dessins industriels.

ROUGNON (Paul), *Professeur au Conser-*

vatoire de Paris, *41, rue des Martyrs.*
Ouvrages et méthodes sur la musique.

LE CORSET ROYAL, *10, rue de la Paix. Paris.*
Corsets sur bustes. Corsets expansibles.

COLAS (ALBERT), *1, place Jussieu, Paris.*
Quinquina-Coca, marque Monopole. Reconstituant exempt d'alcool industriel.

SAX (ADOLPHE), *facteur d'instruments de musique en cuivre et bois, 51, rue Blanche, Paris.*
Instruments de musique.

AUBERT (V.), *graveur, rue du Château-d'Eau, 76, Paris.*
Specimens de gravure, factures, têtes de lettres, etc.

WEILL (N.), *Graveur-dessinateur, boulevard Bonne-Nouvelle, 42, Paris.*
Tableaux spécimen de gravure héraldique et commerciale.

GÉNY (C.), *Arsenal thérapeutique, 31, rue des Lombards, Paris.*
Articles de pansement et d'hygiène. — Stérilisateurs du lait, etc.

TAFFONNEAU et **CHOLLET,** *Hautes nouveautés, 5, rue d'Hauteville, Paris.*

Fantaisies pour modes. — Ornements, paillettes sur tulle et crin.

ANCEAUX (G.), *10, boulevard de la Bastille, Paris.*

Pompes Ritter pour tous usages.

Cie LINCRUSTA-WALTON FRANÇAISE, *Usine et ateliers, Pierrefitte (Seine), magasin, 17, rue Lafayette, Paris.*

Décoration murale en Lincrusta. — Panneaux décoratifs.

CHEVALLIER (Edouard), *4, boulevard Sébastopol, Paris, propriétaire de vignobles, Beaugency, Loiret.*

Vins.

PREMIER fils, *Romans, Drôme.*

Absinthes.

MULLER et ROGER, *108, avenue Philippe-Auguste.*

Appareils-accessoires de chaudières et machines à vapeur: robinetterie pour la vapeur, l'eau et le gaz; pompes, injecteurs, graisseurs, etc.

LUIGGI (C.), *3, rue Rossini.*

Eau minérale d'Orezza.

L'INCOMBUSTIBILITÉ, *129, rue Lafayette.*

Grenades Labbé.

PICOT (J.), *41, rue de l'Échiquier.*
Lessive Phénix.

FAUDON (H.-J.), *2, rue Ramey.*
Glycomorrhum.

GRÉGEOIS, CANNY et C°, *57 bis, rue de Montreuil.*
Papiers et épreuves photographiques.

· MENDEL (Ch.), *118, rue d'Assas.*
Appareils, librairie et épreuves photographiques.

SCHRAMBACH (Louis), *15, rue de la Pépinière.*
Appareils, optique et fournitures générales pour la photographie.

SCHRAMBACH (Laurent), *93, rue Oberkampf.*
Appareils et optique pour la photographie.

REEB (Henri), *58, avenue de Neuilly, à Neuilly.*
Epreuves et spécialités photographiques.

RADIGUET, *15, boulevard des Filles-du-Calvaire.*
Matériel et épreuves de radiographie.

LUND (Otto), *6, place de la Sorbonne.*
Obturateurs pour la photographie et épreuves.

MÉTAIS et C°, *20, rue Monge.*
Appareils, optique et fournitures générales pour

la photographie. Phonographe parleur à haute voix.

DUMONT (A.), *18, rue Bobillot.*
Appareils photographiques.

KORSTEN (Lucien), *63, avenue des Gobelins.*
Appareils, optique et fournitures pour la photographie.

DEMARIA frères, *2, rue du Canal-Saint-Martin.*
Matériel photographique.

BRION, PATÉ, BURKE etC°, *4, rue de Trévise.*
Produits à la Tourbe pasteurisante.

FERRÉ, *142, boulevard Saint-Germain.*
Produits pharmaceutiques.

SOCIÉTÉ NOUVELLE DES EAUX MINÉRALES DE VICHY « ÉTOILES », *39, rue de Châteaudun.*
Eaux minérales. Pastilles.

VILLIARD (Vve J.), *47, avenue de Paris, à Villejuif (Seine).*
Produits en caoutchouc.

LEGROS (Docteur), *1, place de la République.*
Produits pharmaceutiques.

DEGRAUWE, *132, rue Lafayette.*
Fer Bravais; Fer Gaffard.

LEPRINCE (Maurice), *24, rue Singer.*
Cascarine Leprince.

JOSSET, *6, boulevard Arago.*
Produits pharmaceutiques.

BARDET, *76, rue de Sèvres.*
Solution du Docteur Wattelet.

AUGOYARD, *50, rue Saint-Lazare.*
Accessoires d'hygiène.

ROBIN (Maurice), *13, rue de Poissy.*
Produits pharmaceutiques.

GUINET, *1, passage Saulnier.*
Elixir Saint-Vincent-de-Paul, contre l'anémie.

PERTUISÉ, *53, rue Vivienne.*
La Pertuisine, produit hygiénique.
L'Arthutine, produit pharmaceutique.

CHOFFÉ (Docteur), *18, rue des Arts, à
    Levallois-Perret.*
Vin Désiles.

ALLA et PIRLOT, *6, rue Debelleyme.*
Articles en verre soufflé pour les sciences.

SOCIÉTÉ DU LAURÉNOL, *8, rue Hérold.*
Laurénol.

MAQUAIRE, *31, boulevard de Montmo-
    rency.*

Produits dérivés de l'Eucalyptus.

JULIEN jeune, 59, *rue des Vinaigriers.*
Produits pharmaceutiques anti-asthmatiques.

BOGNIER et BURNET, 125, *rue Vieille-du-Temple.*
Appareils hygiéniques.

SCLAVERAND, 6, *rue Caffarelli.*
Accessoires de bicyclettes.
Tricycle à pétrole.

DUHOURCAU (Docteur), 11, *rue Mayel.*
Produits pharmaceutiques.

ROBERT (Edouard), fils, 50, *boulevard de Reuilly.*
Biberon Robert.

LAROCHE frères, 8, *rue du Perche.*
Appareils hygéniques, bandages, etc.

MORIN, 41, *rue des Archives.*
Bas, varices, ceintures, etc...

MOUGIN (docteur), 25, *boulevard Beaumarchais.*
Pharmacie de Château ; trousse médicale.

RÉMY (Vve), 8, *rue de l'Orne.*
Produits physiologiques.

BARDY, 7, *rue de Rome.*
Produits pharmaceutiques.

DANONVILLE (P.), *85, boulevard de Charonne.*

Confitures ; fruits glacés ; pulpes de fruits ; marrons glacés.

RAPELLIN (Alexandre), *10, avenue Gambetta.*

Dissolvine.

PRUNIER et Cie, *6, avenue Victoria.*

Neurosine Prunier.

CHASSAING et Cie, *6, avenue Victoria.*

Phosphatine Falières.

DAIX (V.), *72, rue Louis-Blanc.*

Appareils à acétylène.

DUBOIS (H.), *56, quai Jemmapes.*

Produits pharmaceutiques.

COMPAGNIE POUR LA FABRICATION DES COMPTEURS ET MATÉRIEL D'USINES A GAZ, *16-18, boulevard de Vaugirard.*

Divers compteurs, disjoncteur, etc...

LA CÉRAMIQUE NOUVELLE (G. SIÉVER, directeur), *24, rue Nationale, Ivry-s.-Seine.*

Céramique.

PIPON (A. et J.), *4 et 4 bis, Allée Verte.*

Appareils, optique et accessoires pour photographie.

CHAMBRE SYNDICALE DES FABRI-
CANTS ET NÉGOCIANTS PHOTO-
GRAPHES (J. DUBOULOZ, président),
boulevard Saint-Germain.
Tableau des œuvres de la Chambre Syndicale.
Journal de photographie française.

LECOURT (G.), *6, rue des Tanneries.*
Appareils, optique et accessoires pour la photographie. Phonographe parleur à haute voix.

LEGENDRE (L.), *8, rue Pastourelle.*
Appareils et vues stéréoscopiques. Panorama
stéréoscopique automatique.

FRANÇAIS (E.), *84, quai Jemmapes.*
Appareils et optique pour la photographie.

BARDET (E.), *76, rue de Sèvres.*
Produits pour la photographie.

MASSENOT, *21, rue Michel-Lecomte.*
Laboratoire-valise pour la photographie en
voyage.

HERPIN, *6, passage Dulac.*
Verrerie spéciale pour pharmaciens.

AUBERT (G.), *7, faubourg Montmartre.*
Papiers à cigarettes.

PEPET (Alexis-Louis), *20, rue du Faubourg-
Poissonnière.*
Suppositoire Pepet.

COMPAGNIE DE FABRICATION FRAN-

ÇAISE DU NICKEL, SALOMON-
HIRSCH, *32, rue Rennequin.*
Objets de nickel.

ANDRÉ (Eugène), *6, boulevard Saint-Denis.*
Extrait concentré de citrons frais.

PICARD et KAAN, *11, rue Soufflot.*
Livres classiques.

BOISCHEVALIER (de) et Cie, *14, rue Piccini.*
Métallisation du bois ; statues et corniches.

EMRIGER et MARCHAND, *101, faubourg
Saint-Denis.*
Appareils à distiller, à eaux gazeuses, à bières.
Pulvérisateurs, souffreuses, etc.

DESMAREST, *9, rue des Petites-Écuries.*
Vaporisateurs de luxe.

ROQUEBLAVE, *12, place Bréda.*
Produits hygiéniques et parfumerie.

DULADOUX (Mme L.), *55, boulevard Sébastopol.*
Articles de sachet ; abat-jour, etc...

EYNARD (Jean), *12, rue de l'Éperon.*
Sondes et bougies en gomme élastique et en
caoutchouc.

DEQUÉANT, *38, rue Clignancourt.*
Lotion pour la chevelure.

OUDIN (France), *48, rue Lauriston.*
Maréchalerie; fers français et étrangers.

COLIN (E.), *éditeur, 8, rue Elisa-Lemonnier.*
Album à musique pour la photographie.

GRIESHABERT (E.) et Cie, *10, rue du
Trésor.*
Plaques et produits pour la photographie.

BALLIVET (Antony), *54, rue du Faubourg-
du-Temple.*
Photographies.

VALLOIS (Edmond), *99, rue de Rennes.*
Photographies.

COMPAGNIE FRANÇAISE DE PAPIERS
PHOTOGRAPHIQUES (BONDON, Di-
recteur), *118, rue de la Tombe-Issoire.*
Epreuves, papiers et produits photographiques.

LESUEUR ET DUCOS DU HAURON,
87, Grande-Rue, à Saint-Maurice.
Plaques et produits photographiques.

SOCIÉTÉ FRANÇAISE DE PRODUITS
SANITAIRES ET ANTISEPTIQUES,
35, rue des Francs-Bourgeois.
Produits Crésyl-Jeyes.

COMAR ET FILS et Cie, *20, rue des Fossés-Saint-Jacques.*
Produits pharmaceutiques.

RICHARD (V.-A.), *59, rue des Petiles-Ecuries.*

Produits alimentaires et pharmaceutiques.

TIREAU (C.) ET FIX (CHARLES), *70-72, rue du Faubourg-Saint-Antoine.*

Ameublements, sièges et tentures de salle à manger, chambre à coucher et salon, ébénisterie d'art.

LA REVUE INTERNATIONALE DES EXPOSITIONS, moniteur Général de l'Exposition de 1900, *23, rue Royale.*

Collection de la Revue (nouvelle série), affiches-réclame.

FÉRET, *15, rue Etienne-Marcel.*

Tables Féret à l'usage des écoles.

CORMIER, *18, rue des Grands-Augustins.*

Produits alimentaires.

COMPAGNIE DU PHOSPHO-GUANO, *60, rue de Bondy.*

Pyrites, acide sulfurique, phosphates, super-phosphates et engrais divers.

REULLIER ET PÉRONNE, *38, rue Lacépède.*

Epreuves d'imprimés gravure et taille-douce.

COMPAGNIE GÉNÉRALE DES TRAVAUX D'ÉCLAIRAGE ET DE FORCE, *23, rue Lamartine.*

Lampes à arc.

COMPAGNIE FRANÇAISE DU MALT KNEIPP, *66, boulevard Sébastopol.*

Malt Kneipp.

FOURNET, *13, rue Vivienne.*

« Royal-Eclair », vin hygiénique, apéritif, digestif.

GÉRARDOT (E.), *11, boulevard Edgar-Quinet.*

Rhum des Ilets.

ROYER (Louis), *38, rue Claude-Vellefaux.*

Toiture mobile pour jardins et pour l'agriculture.

VIGAN (Albert), *35, boulevard Haussman.*

Impressions artistiques appliquées à toutes les
décorations de l'habitation; menus, cartes,
etc.

BATAILLE (G.), *18-20, rue de Chabrol.*

Imprimerie, chromolithographie; affiches illustrées.

SOCIÉTÉ D'EXPLOITATION DES BRÉVETS REIBEL, *7 bis, rue du Louvre.*

Appareil générateur de gaz acétylène.

NOIZEUX (Prosper), *82, rue Quincampoix.*

Cordes, cordages, ficelles et attaches de luxe
et ordinaires.

BOULAINE (Charles), *17, rue Lamandé.*

Nouveau mode de joints assurant l'imperméabilité des couvertures en verre.

SANDMANN (F.), 5, *rue des Petits-Hôtels*.
Classeurs « l'Idéal », relieurs et perforateurs.

L'ECHO DE LA CORDONNERIE MODERNE, *65, boulevard Voltaire*.
Collection du journal.

GUILLEMINOT, ROUX ET Cie, *5, rue Choron*.
Plaques et produits pour la photographie. Epreuves photographiques.

MACQUAIRE (Paul) et Cie, *4, quai du Marché-Neuf*.
Produits physiologiques.

FLOHR (Paul), *9, rue Saint-Ambroise*.
Baguettes dorées.

THE CONTINENTAL SPARKLETS Co Ltd, *37, boulevard Haussmann*,
Sparklets.

MIDANI, *5, rue des Fontaines*.
Petits bronzes, bijouterie, articles de Paris, article oriental.

LALLEMENT ET Cie, *50, boulevard de la Villette*.

Coussins de voitures.

FÉDIT ET BEURRIER, 59, rue Pigalle.
Trousses de pharmacie.

CORNU (Ch.), 41, rue de Vanves.
Produits pharmaceutiques.

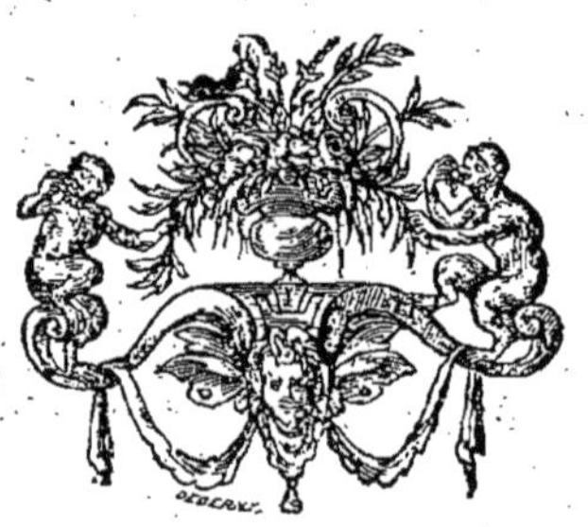

Spécialité d'Eaux Minérales

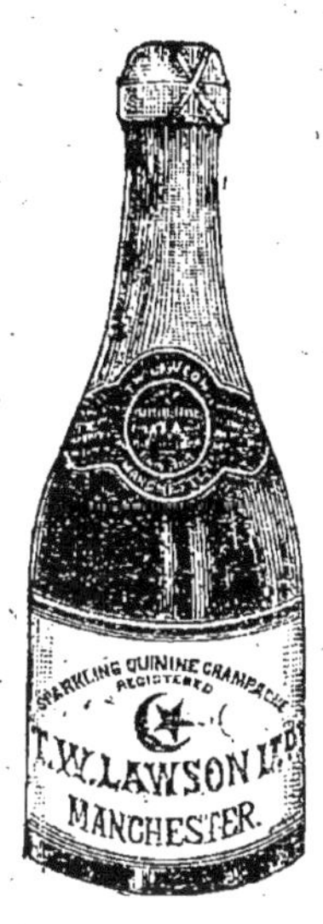

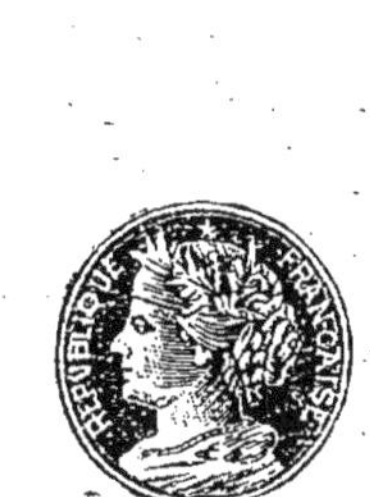

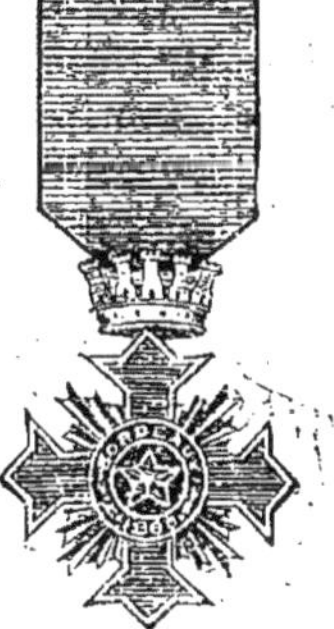

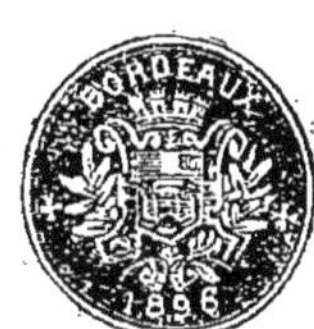

T.-W. Lawson Limited

Manchester

Angleterre.

ANATOLE COULON & Cie

Armateurs et Importateurs de Rhums

53, Quai des Chartrons

A BORDEAUX

Membre du Jury aux Expositions :

Lyon.	1894
Amsterdam.	1895
Bordeaux.	1895 (Secrétaire du Jury).
Angers.	1895
Rouen.	1896
Rochefort-sur-Mer.	1898
Poitiers.	1899

Membre des Comités :

Bruxelles.	1897
Paris.	1900

La meilleure des Chicorées

CHICORÉE NOUVELLE

Paquetage jaune, quadrillé rouge

Casiez – Bourgeois

FABRICANT

A CAMBRAI

(Nord)

5 mises Hors Concours, 10 Diplômes d'Honneur

et Grand Prix, Médailles d'Or, etc.

GRANDE BRASSERIE

DE

CHAMPIGNEULLES-NANCY

Société anonyme au capital de **1.000.000** de francs

à **CHAMPIGNEULLES**
(Meurthe-et-Moselle)

Installation la plus moderne de France

BIÈRE DE LUXE
Brune et Blonde

La Bière de Champigneulles, très appréciée des consommateurs, est débitée dans l'enceinte de l'Exposition, au Chalet rustique, situé à l'entrée du Village Noir.

Arrêtez-vous à cette page

et LISEZ

LE PETIT ROUGE

Amer de Hollande

Le meilleur de tous les Apéritifs

Essayez.....

Vous continuerez

SEULS PRODUCTEURS :

J.-B. & L. GRAU

Rue Fidèle-Lehoucq

TOURCOING

EN 20 JOURS

GUÉRISON
RADICALE

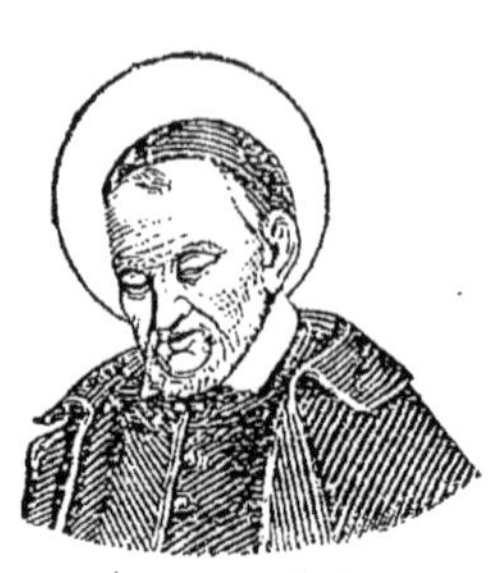

DE
L'ANÉMIE

Par l'Élixir

DE SAINT-VINCENT-DE-PAUL

Seul produit autorisé spécialement

Pour renseignements, s'adresser chez les

SŒURS de la CHARITÉ

105, Rue Saint-Dominique, PARIS

GUINET, Pharmacien-Chimiste

1, Passage Saulnier, PARIS

Dans toutes les bonnes Pharmacies. — Brochure franco sur demande affranchie.

SPÉCIALITÉ DE CAFÉS

AU GOURMET

E. GOURDIN

57, Rue Gambetta, 57, POITIERS

CAFÉS VERTS ET CAFÉS BRULÉS

CHOCOLATS, THÉS, VANILLE

CHICORÉES, POIVRES

Torréfaction par procédé mécanique

VENTE AU DÉTAIL

Livraison à domicile pour Poitiers

Expédition pour la Campagne

Tous les produits sont recommandés par leur qualité extra

PRÉSURE & EXTRAIT DE PRÉSURE
Charles JEANNEAU

Membre de l'Académie Nationale, Agricole, Manufacturière et Commerciale
20 Médailles d'Or, 1ers Prix, Membre du Jury
Hors Concours, Paris 1897

A Janzé (Ille-et-Vilaine)

DÉPOTS : France : Le Havre. — Belgique : Anvers. — Suisse : Bâle

COLORANTS POUR BEURRE ET FROMAGES

Cultures pures de Ferments Lactiques
POUR L'AMÉLIORATION DES BEURRES

" SAL PRÆSERVARE " Sel conservateur

" STERILITAS ", Liqueur conservatrice et Antiseptique le plus puissant et inoffensif pour nettoyage des appareils et ustensiles de Laiterie, Beurrerie, Fromagerie, etc.

ÉPROUVETTES et VERRES GRADUÉS

Adresse Télégraphique : JEANNEAU-JANZÉ

VINS EN GROS

Garantis naturels sur Facture

Entrepôt des Brasseries de Maxéville

J. CHAMBRE

5, Cours Vergnaud, 5, Avenue de Juillet

LIMOGES

DISTILLATION — ALCOOLS — VINS

ARTHUR MARNIER

Distillateur

(NEAUPHLE-LE-CHATEAU, Seine-et-Oise)

SPÉCIALITÉ DE :

Scherry-Brandy et Punch A. Marnier

QUINQUINA ARTHUR MARNIER

Expédition franco dans toute la France

Envoi du prix courant sur demande

Médaille d'Argent et Médaille d'Or, Exposition commerciale, Paris 1899
Diplôme d'Honneur, Exposition Internationale, Biarritz 1899
HORS CONCOURS. — Membre du Jury. — 7e Exposition du
Travail, Paris 1899.

Maison fondée en 1873

DISTILLERIE · PROVINOISE

P. BRISSOT

1, 3, 6, Rue de Changis, à PROVINS (Seine-et-Marne)

FABRIQUE DE LIQUEURS SURFINES

SPÉCIALITÉ DE SIROPS

Absinthe Paul Brissot

QUINQUINAS ET APÉRITIFS DIVERS

VINS FINS ET ORDINAIRES

BÉNÉVENTINE

LIQUEUR

De L'ABBAYE de BÉNEVENT

P. PELLISSIER

Bénévent-l'Abbaye (Creuse)

GLYCOMORRHUUM FAUDON

AUX HYPOPHOSPHITES
ET GLYCÉROPHOSPHATES NAISSANTS

Seul Véritable Succédané Scientifique
de l'Huile de Foie de Morue

Le Glycomorrhuum REMPLACE très avantageusement l'HUILE DE FOIE DE MORUE, dont il a toutes les qualités, sans en avoir les inconvénients. — Très agréable au goût, sans odeur, il est bien supporté par les estomacs les plus délicats.

UNE Cuillerée de Glycomorrhuum représente **TROIS** Cuillerées d'Huile de Foie de Morue.

F. FONTAINE & CIE

À

NESLES, par Neufchâtel-lès-Boulogne-sur-Mer
(Pas-de-Calais)

FABRIQUE DE PRODUITS RÉFRACTAIRES
Alumineux et siliceux

Carreaux et Dalles en grès ingélif pour pavage divers

BRIQUES ET PIÈCES DE TOUTES FORMES ET DIMENSIONS
Suivant plan ou modèle

CIMENT RÉFRACTAIRE SPÉCIAL

LA CÉRAMIQUE NOUVELLE
PROCÉDÉS G. SIÉVER
Brevetés en France et à l'Étranger
Société Anonyme au capital de **1.650.000** francs

Siège social à Paris, 60, rue St-Lazare

Usine à St-Denis (Seine), 24, rue des Poissonniers
Ateliers provisoires à Ivry-sur-Seine, 24, rue Nationale

Panneaux décoratifs, Frises, Grès, Revêtements extérieurs
Décoration architecturale, etc., etc.

Voir l'Exposition et s'adresser pour tous renseignements
à **M. Ch. Sermaisse**, commissaire-organisateur
de la Section de photographie

DEMANDEZ

LA

Fine Sève de Cognac

Marque : André Delor à Limoges

Pure ou étendue d'eau, c'est la plus saine
et la plus agréable des Liqueurs

MAISON EDMOND DILLE

CHENILLEAU et ÉMERIT, Succrs

DISTILLATEURS-BOUILLEURS

NIORT

LIQUEURS, EAUX-DE-VIE ET SIROPS

FRUITS AU SIROP ET A L'EAU-DE-VIE

Vins Fins et Vins de Table de tous les crûs

SPÉCIALITÉS DE LA MAISON

SÈVE NIORTAISE à base de Fine Champagne

QUINA LOUIS au vin de Grenache
à base de Quinquina et de Kola

Médailles et Diplôme d'honneur obtenus dans diverses Expositions

Envoi franco des prix-courants sur demande

Distillerie Spéciale d'Eau-de-Vie de Vin

Alambics perfectionnés pour la Rectification

ÉTABLISSEMENT D'APICULTURE

Spécialité de Vignes greffées

*

JOSEPH ACHARD

VITICULTEUR

à TREIGNEUX-d'HAUTERIVES

(Drôme)

VINS DU ROUSSILLON

de Table

DE DESSERT ET DE MESSE

J. Granès - Rous & Fils

Propriétaires-Viticulteurs

Elne (Pyrénées-Orientales)

3 Médailles d'or, 2 diplômes d'honneur — 2 diplômes de grand prix

2 fois hors Concours

PARIS-MARSEILLE 1898

VITRAUX PEINTS

POUR ÉGLISES

Du Moyen-Age et de la Renaissance

Vitraux Artistiques pour Appartements

Spécialité de portraits sur Verre et d'Armoiries

Les prix sont à la portée de toutes les bourses

F. Lagrange

Artiste peintre-verrier

49, Avenue Gambetta, 49

ANGOULÊME

Réponse par retour du courrier à toutes demandes de renseignements

Ancienne Maison A. GIESSEN

USINE A VAPEUR

ATELIERS DE CONSTRUCTIONS MÉTALLIQUES

CH. CAILLAUD

Ingénieur-Constructeur (E.C.P.)

4, Boulevard Pont-Achard, POITIERS

CHARPENTES ÉCONOMIQUES

TRAVAUX MÉTALLIQUES EN TOUS GENRES

Ponts, Passerelles, Serres, Kiosques, Grilles

Marquises, Vérandas

Études, Projets et Devis sur demande

ÉLÉVATIONS D'EAU

PAR LA

Pompe "Colibri"

Ch. CAILLAUD

Ingénieur-Constructeur (E.C.P.)

4, Boulevard Pont-Achard, POITIERS

Agent Général pour la Vienne.

BRASSERIE DU PONT-NEUF

Ancne Maison A. MOUROU

A. Guilleminot & Cie Sucrs

POITIERS

Bière bock blonde & brune (fon Munich)

BIÈRE ORDINAIRE
(Fermentation haute)

Bières de ménage et petite bière

SPÉCIALITÉ DE
BIÈRE BOCK PASTEURISÉE

Livraison en fûts et en bouteilles à bouchons liège ou mécaniques avec bandes de garantie.

Caisses plombées pour expéditions

Nos bières exclusivement fabriquées de malt d'orge et de houblons de première qualité se recommandent par leur qualité hygiénique, leur finesse de goût et leur longue conservation.

Analysées sous le n° 7404 par M. Petit, directeur de l'École de Brasserie de Nancy, elles ont été reconnues d'une fabrication normale et ne contenant aucun antiseptique.

Livraison à domicile

GRANDS MAGASINS

DES

GALERIES PARISIENNES

ET

NOUVELLES GALERIES

Place d'Armes, rue Victor-Hugo, rue des Basses-Treilles

POITIERS

EXPOSITION PERMANENTE

A TOUS NOS COMPTOIRS

Articles de Paris, Maroquinerie, Bijouterie, Horlogerie,
Orfèvrerie, Bronze, Cristaux, Porcelaine, Parfumerie,
Papeterie, Fournitures pour Photographie.

MISE EN VENTE

DES

NOUVEAUTÉS D'ÉTÉ

Soierie, Ruban, Lingerie, Bonneterie, Mode et Fourniture,
Cravate, Ganterie, Chaussure, Chapellerie, Ombrelle,
Canne, etc.

ENTRÉE ENTIÈREMENT LIBRE

Bien faire, laisser dire

Livraisons à tous les trains et à domicile

L'Amer

de

Hollande

DIT

PETIT-ROUGE

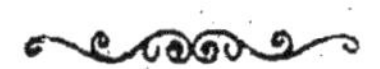

Cet amer bienfaisant se recommande tout particulièrement par ses propriétés hygiéniques, toniques et anti-fiévreuses.

Mélangé d'eau ou d'eau-de-seltz, il facilite les fonctions digestives et est un parfait stimulant réparateur.

Absinthe " l'Auvergnate "

LA MÉLIOU DES ABSINTHES

Rafraîchissante et Hygiénique

COURNUT & LÉAUTAY

DISTILLATEURS

5, Rue Carnot, 5

LEVALLOIS-PERRET (Seine)

FABRIQUE DE ROSACES

STAFF

ET CARTON PIERRE

ORNEMENTS -- MODÈLES POUR DESSINS

Samuel Lucchesi

Mouleur-Ornemaniste

151, Grande-Rue — POITIERS

LAUDREN Frères

IMPORTATEURS

à Saint-Nazaire

(Loire-Inférieure)

Mathurin MATHUR

HOTEL DE FRANCE

CIVRAY (Vienne)

SPÉCIALITÉ DE PATÉS TRUFFÉS

Foies gras et gibier aux truffes de la Bonnardellière
et du Périgord

HACHIS FAITS A LA MAIN

MANUFACTURE LYONNAISE

DE

CUIRS ET COURROIES

POUR TRANSMISSIONS

Courroies inextensibles « Marque dynamo ».
Courroies cuir chromé.

Cours Vitton prolongé, Lyon-Villeurbanne

Téléphone : Lyon, 12-41. — Paris, 906-33

MANUFACTURE DE LESSIVES ET TEINTURES

LESSIVE-LA-VIOLETTE

VÉRITABLE MARQUE

ANTISEPTIQUE-HYGIÉNIQUE

La meilleure connue jusqu'à ce jour
Évitez les contrefaçons

TEINTURE LA BENGALINE

Poudre E. GILBERT, la seule n'altérant pas les étoffes
et les remettant à neuf

EMPLOI FACILE — PRIX MODÉRÉS

LES PLUS HAUTES RÉCOMPENSES AUX EXPOSITIONS

Prix unique Exposition Universelle Paris 1889. — Admis à l'Exposition de 1900

Exiger la marque IATOWSKI Jeune et LOISEAU, seuls fabricants
A POITIERS (Vienne)

AUX ATELIERS RÉUNIS DE CONSTRUCTION MÉCANIQUE
USINE AGRICOLE ET INDUSTRIELLE

DEUX DIPLOMES D'HONNEUR
Cinquante Médailles Or, Argent et Bronze
Chevalier du Mérite Agricole

H. GILBERT

CONSTRUCTEUR
à LOUDUN (Vienne)

Spécialité d'installation de Laiterie et Fromagerie
Machines à vapeur fixe et Locomobile de 2 à 50 chevaux.
Chaudières de tous systèmes et de toutes forces

SPÉCIALITÉ DE CAFÉS ET THÉS

M^{ON} MONTOUX-BOURREAU
POITIERS, 1, rue du Petit-Bonneveau, 1, POITIERS

Maison Fondée en 1881
La plus ancienne dans son genre, vendant le meilleur marché

CAFÉS GRILLÉS, CAFÉS VERTS
Thés, Chocolats, Vanille
Liqueurs, Cognacs, Vins fins
Rhum Martinique garanti naturel

Café grillé, bon mélange, 2 francs le 1/2 kilo

La maison se recommande tout spécialement pour ses cafés grillés d'une façon
irréprochable et sans rivale

N. B. — La torréfaction des cafés se fait tous les jours sans exception.

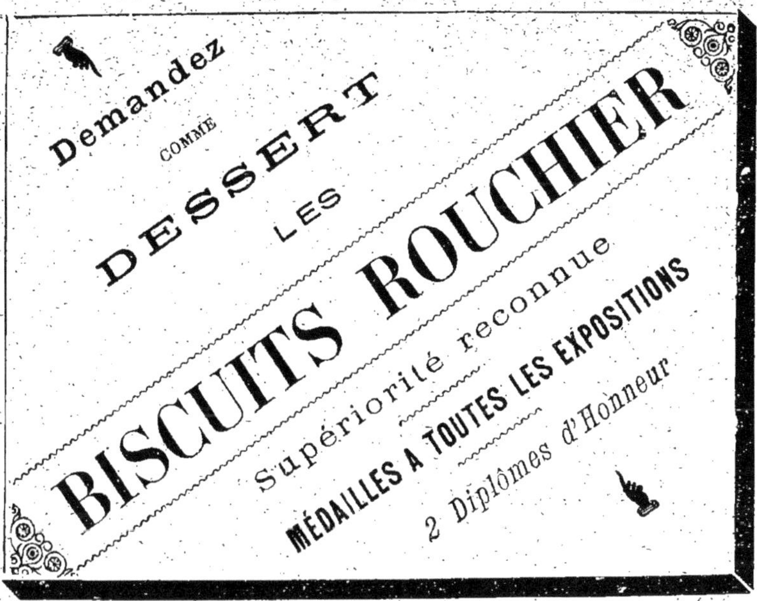

AMEUBLEMENTS DE STYLES

Ed. BARON & GAUTIER

SIÈGES, TENTURES, LITERIE ET GLACES

Installations complètes d'aménagements pour Chalets

Fabrique à Vapeur, 5 et 6, rue Chaptal

Maison de vente : 22, rue du Calvaire

NANTES

HYGIÈNE DE LA VUE

Utile découverte pour la Conservation et la Beauté des YEUX

Eau Parisienne Hygiénique Roqueblave

12, Place Bréda — PARIS

Approuvée, Diplômée et Recommandée par la Société de Médecine de France
et par la Société nationale d'Hygiène publique.

Récompenses Nationales et Étrangères

Diplômes d'honneur — 40 Médailles d'Or, Vermeil, etc.

Décernées par le jury des Expositions universelles, l'Académie Nationale de Paris, 1879
et plusieurs sociétés philanthropiques. Recommandations de Docteurs en médecine
de la Faculté de Paris. Attestations nombreuses.
Diplôme et médaille d'Argent de la Société d'hygiène de l'enfance, Paris 1887.
Diplôme d'honneur avec Médaille d'Or et Croix-Bijou, Tunis 1888, etc.
Admise aux Expositions Universelles de 1878 et 1889 : Palais des sections industrielles,
Groupe III, classe 28.

CETTE EAU (spéciale de toilette), composée de plantes aromatiques,
sans acide, analysée par plusieurs chimistes et au Laboratoire officiel
de la Ville de Paris, où son innocuité a été également constatée, est unique pour l'hygiène et la beauté des yeux. Son usage dans les ablutions quo-
tidiennes **fortifie la Vue**, prévient les **maux d'yeux** et en conjure les opérations, parfois si dangereuses.

USINE A VAPEUR

JULES GARREAU

22, Grande-Rue POITIERS

HUILE DE NOIX, CERNEAUX

Noyaux, Tourteaux

Ménagères

DEMANDEZ LE SAVON

La Lyre

AUDIBERT Fils aîné

MARSEILLE

AUTO-RÉVÉLATRICE CLERTÉ

Pour développer les pellicules photographiques

Breveté S. G. D. G. France. Etranger

FACILITÉ, PROPRETÉ, ÉCONOMIE

En vente chez les marchands d'articles photographiques.

GROS ET DÉTAIL

9, Rue Carnot

POITIERS

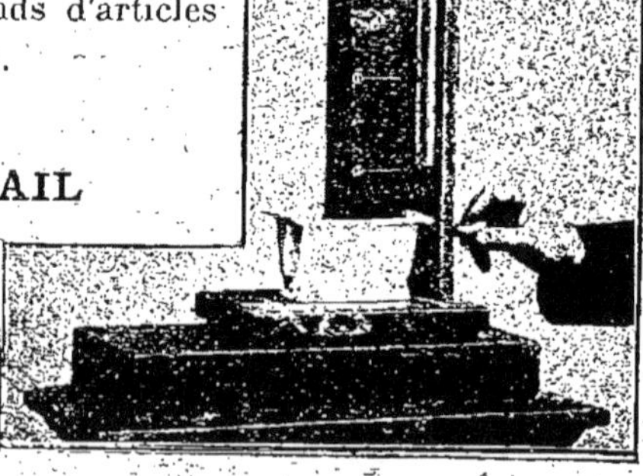

MANUFACTURE ALSACIENNE
DE CANNES

J. KAUFFMANN

A MULHOUSE

ALSACE

GRAN FABRICA DE ACEITES DE OLIVA
DE SAN JUAN

Movida por motor hidraulico

Villena (Alicante)

Premiadaz con Medalla de Plata en la Esposicion de Rochefort-sur-Mer, 1898, y con Medalla de Oro en la de Alimentacion de Burdeos del mismo año.

Director y Proprietario : Francisco Grau
Ingeniero Agronomo.

Grand Vin de Champagne
ROYAL MAREUIL

Médaille d'or ;
Anvers 1894 — Paris 1895 — Rouen 1896, Diplôme d'Honneur,
Alençon et Rochefort-sur-Mer 1898

Albert VALET & C°

Membre du Jury
Exposition Bruxelles 1897 et Dijon 1898
Propriétaires de Vignobles et Négociants

MAREUIL-SUR-AY

Demandent des Représentants en **FRANCE**, dans toutes villes où
ils ne sont pas déjà représentés.
RÉFÉRENCES de 1ᵉʳ Ordre EXIGÉES — Écrire directement.

SAVON DIAPHANE EXTRA-PUR

LE PETIT CHATEAU

SAVONNERIE
FOURNIER-DEBIÈVRE

A LAMBERSART (Nord)

Dépôt : rue Saint-Antoine, 110 *bis* — **PARIS**

Médaille d'argent à Alençon 1898
Médailles de bronze aux Expositions
Paris 1895, Rouen 1896

La Maison fabrique tous les genres de **Savons mous**

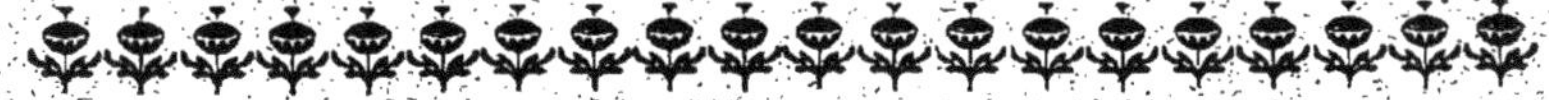

Olibet

Gauffrette

à la

Confiture

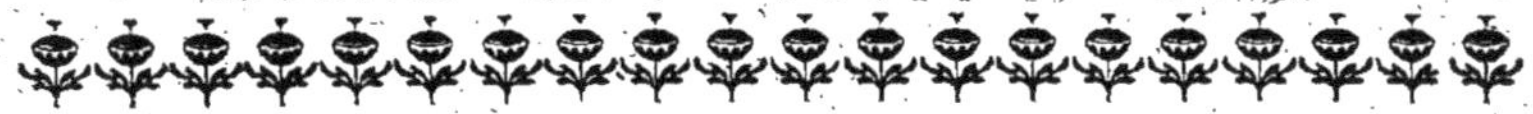

Manufactures de Chaussures

Directeur

Georges GOUFFÉ

à

LIANCOURT

(Seine-et-Oise)

Maison TRANNIN Frères

Fondée en 1811

FABRIQUE D'HUILES, TOURTEAUX

GRAISSES

DIEU Frères

SUCCESSEURS

Raffinerie d'Huiles d'Œillettes du Nord

HAUTES RÉCOMPENSES

54, Grand'Place, 54, à ARRAS

(Pas-de-Calais)

AU TIGRE DU BENGALE
8 Diplômes et Grand Prix

J. PEIGNON
22, rue des Grandes-Écoles — POITIERS

FOURRURES et PELLETERIES en tous genres

Corbeilles de Mariage

Montage et préparation d'animaux de toutes espèces :
Têtes de Cerfs, Chevreuils, Sangliers, Loups, etc.

Création de la maison
Écureuils, porte-flambeaux et porte-bouquets
Loups porte-lanternes, Renards et Blaireaux porte-parapluies et porte-cartes
pour vestibules. Bois de cerf sur massacre en fer

Articles de pêche et d'Histoire naturelle
GROS — DÉTAIL

Ancienne Maison E. QUINTARD

E. LAURIN
SUCCESSEUR

Rue de la Cathédrale, 73 et 75, POITIERS

GRAINES FOURRAGÈRES, POTAGÈRES
ET DE FLEURS

Ognons de Jacinthes, Tulipes, Anémones, Crocus,
Glaïeuls, etc.

LÉGUMES ET FRUITS SECS
et tous les produits du pays

RÉCENTE DÉCOUVERTE SCIENTIFIQUE

Le contre-poison ou liminent **ROUSSET** pour l'humanité et les animaux, au même résumé, de maux extérieurs, brûlures, blessures, meurtrissures, engelures, gangrène, eczémas, dartres, panaris et plaies de toutes sortes.

Avec ce spécifique souverain, les malades seront infailliblement guéris; on pourra sauver des millions d'humains qui meurent dans l'univers faute de connaître ce médicament. Employé à temps, prévient la gangrène et par ce moyen beaucoup d'amputations seront évitées et on sera guéri tout en conservant ses membres.

<pre>
Le flacon.........   4 50)
Le petit flacon...   1 50) aux entrepôts.
</pre>

Ou écrire à l'inventeur qui enverra contre mandat-poste.

J.-A. ROUSSET, Inventeur, Agent- d'Affaires
à St-Chély-d'Apcher (Lozère).

QUINQUINA RIBAUT

Apéritif de l'Alliance — Pax

Le meilleur des Apéritifs
32-34, rue de la Boëtie, et 36, rue Dauphine

BORDEAUX

D'une saveur des plus agréables, le **Quinquina Ribaut** emprunte ses propriétés toniques et apéritives aux principes mêmes de sa base. Il est aujourd'hui recommandé par les hygiénistes et par les gourmets qui le placent au premier rang des Quinquinas créés à ce jour.

Le **Quinquina Ribaut** est donc appelé à pénétrer partout :

C'est en effet une véritable liqueur de famille capable de rendre les plus grands services.

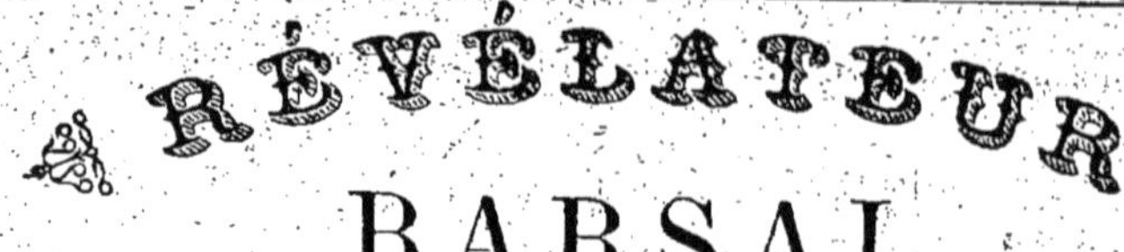
RÉVÉLATEUR

Photographie Alfred Perlat

5, rue du Puygarreau, POITIERS

VICTOR MERKEN

SUCCESSEUR

Premier Prix de Peinture
à l'Académie des Beaux Arts

Spécialité de Charbons en couleurs de toutes dimensions

PAR CLICHÉS DIRECTS

AGRANDISSEMENTS

au charbon, au platine et au gélatino-bromure d'argent.

PHARMACIE NORMALE

Analyses Médicales, Chimiques et Bactériologiques
Examens Polarimétriques et Microscopiques

L. CHAUSSAT

PHARMACIEN

Élève de l'École Supérieure de Pharmacie de Paris

175, Grande-Rue, et 2, rue du Gervis-Vert — POITIERS

Produits Spéciaux

PILULES LAXATIVES savonneuses à la Podophylline et au
Cascara Sagrada. — Dépuratives et anti-bilieuses. Constipation 1.50
NASOPHILE. — Guérison du coryza ou rhume de cerveau en
quelques heures 1 »
DRAGÉES CHABYLÉES. — Fer, Quinquina, Rhubarbe, Pepsi-
ne. — Anémie Pauvreté de sang 1.60 et 3 »
BONBONS VERMIFUGES (santoninate de soude et sanguenite)
Affections vermineuses des enfants 0.75 et 1.25
CORRICIDE POITEVIN. — Cors aux pieds, œils de perdrix 1.25

PRÉPARATION INSTANTANÉE D'OXYGÈNE

Le Calaya

Société Anonyme au Capital de 35o.ooo francs.

SIÈGE SOCIAL :

46, Allées de Tourny, 46, BORDEAUX

EXPORTATION

— des produits du " CALAYA " —

(Anneslea febrifuga)

FÉBRIFUGE ANTISEPTIQUE

Spécifique des fièvres palustres et infectieuses

DÉPOTS GÉNÉRAUX

Pharmacie VIAL

1, rue Bourdaloue, et 20, rue de Châteaudun, **PARIS**

ROUDEL Frères & GENESTOUT

Pharmaciens-Droguistes

27, place du Palais, 27 — BORDEAUX

Détail dans toutes les Pharmacies

Direction & Vente à l'Exportation

Au siège social : BORDEAUX

Adresse Télégraphique : **CALAYA-BORDEAUX**
Téléphone : 182o.

SOCIÉTÉ GÉNÉRALE

D'Eaux Minérales Naturelles

DU

BASSIN DE VICHY

VICHY

EAUX MINÉRALES

Propriétaire des Établissements : Mallat. — Vairet. — Reignier. — Ramin. — Lavergne. Amélie.

ET DES SOURCES SAINT-YORRE

Gracieuse. — Grande-Source. — Grand. Condé. — Lavergne. — Mallat. — Reignier. — Rosalie. — Sévigné. — Siècle (du). — Souverain (des). — Vairet.

HAUTÉRIVE

Amélie. — Bayard. — Générale. — Globe (du)

NOUVELLES MACHINES A COUDRE
HAÏD ET NEU

L. ROLLAND

9, Rue des Trois-Rois, 9, POITIERS

SEUL DÉPOSITAIRE

Les plus élégantes, les plus douces, les plus durables
les seules qui brodent et reprisent

GARANTIES SÉRIEUSES
Facilités de Paiement

LIVRAISONS FRANCO
Leçons Gratuites

MACHINES

A COUDRE

Machine famille **Haïd** et **Neu**, décor de nacre, bâti de luxe,
prix net.. 110 fr.
La même, à main, prix net........................... 70 »
Elégant coffret de luxe.............................. 10 »

FOURNITURES
ET AIGUILLES
Pour Machines
DE TOUS SYSTÈMES

Pièces de Rechange
ET
POUR MACHINES

ACCESSOIRES

MACHINE A COUDRE

GLORIOSA

Machine **Gloriosa**, pour tailleurs et couturières, avec table à
rallonges, modèle ci-dessus, prix net................. 120 fr.
La même, à main.. 70 »
Elégant coffret de luxe.............................. 10 »

Édouard POILLON, Ingénieur des Arts et Manufactures
7, rue Amiens-Leroux (Somme)

GRILLE A LAMES DE PERSIENNES

Système Ed. POILLON breveté s. g. d. g. en France et à l'étranger, applicable à tous les foyers de chaudières et de fours pour brûler tous les combustibles et particulièrement les poussiers et menus

Plus de 10,000 chevaux installées en 20 mois

Compagnie des chemins de fer du Midi, 11 installations. Société Française des charbonnages du Tonkin, 12 installations. Société régionale d'électricité de Caen, 4 installations. MM. Lefèvre-Calot et Cie, à Amiens. MM. Audrésset et fils, manufacturiers, à Louviers (Oise). M. F. Lancesseur, briqueterie mécanique, à Bihorel, près Rouen. M. E. Blondel, Moulin de l'Abbesse à Fresnoy-la-Rivière. M. Deram, Brasseur, à Amiens, M. Bessonneau, à Angers, 19 installations. MM. Malatiré et Lecœur à Evreux, 2 installations, M. Armand Peynaud, à Charleval, 2 installations. Société générale de Bonneterie à Troyes, 2 installations. Mines de Bosmoreau, 4 installations. Société anonyme des Ateliers et Chantiers de la Loire à Nantes, 1 installation.

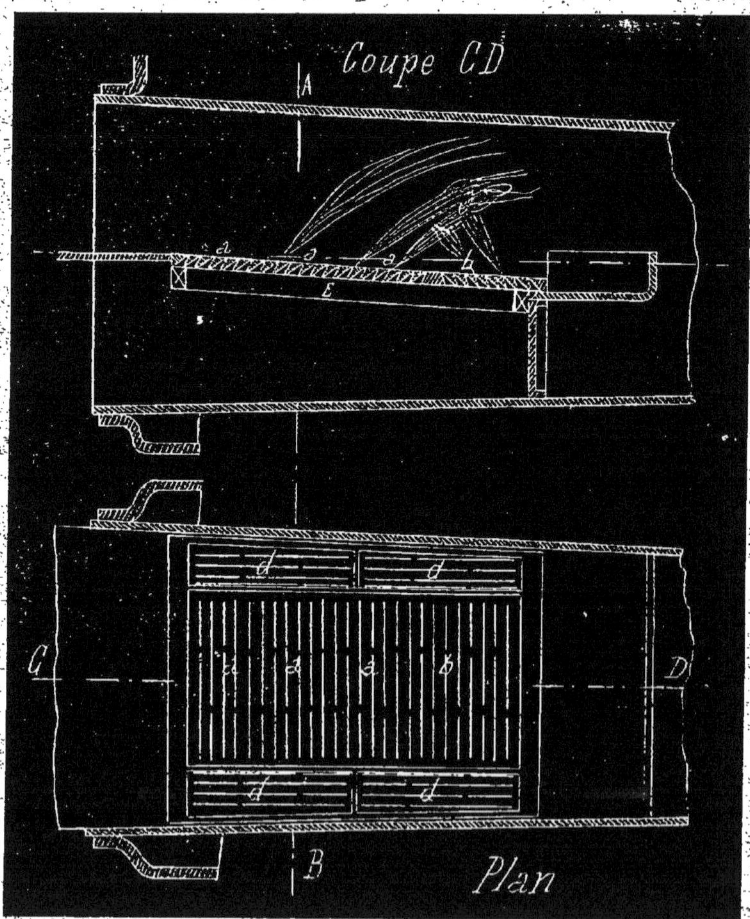

Avantages du Foyer Ed. POILLON

1º Réduction de 15 à 40 p. c. du prix de revient de la tonne vapeur par l'emploi de combustibles à bon marché, jusqu'aux plus pauvres, escarbilles, fraziers, anthracites, etc. 2º Absence complète d'usure, le mâchefer ne collant pas sur la grille. 3º Décrassage très rapide de la raclette seule. 4º Facilité de réglage du feu, selon les besoins de l'usine. 5º Augmentation, allant jusqu'à 50 p. c., de la vaporisation des générateurs. 6º Suppression de l'inconvénient du manque de tirage. 7º Application à tous les genres de chaudières et de fours, 8o Réduction possible des dimensions de cheminées. 9º Combustion complète du combustible et des gaz par le **brassage** forcé près de l'autel. 10º **Sécurité absolue** par l'impossibilité de la formation de dards de chalumeau, **ce que ne peut procurer aucun autre système.** 11º Conservation des chaudières par la suppression des rentrées d'air froid, puisqu'une pression existe dans le foyer. 12º **Fumivorite** satisfaisant aux ordonnances de police. 13º Diminution de l'entraînement des cendres dans les carneaux. 14º **Dépense d'installation regagnée généralement en moins d'un an.** 15º Installation facile sans modification importante en 24 heures.

Des représentants sont demandés.

Coupe AB

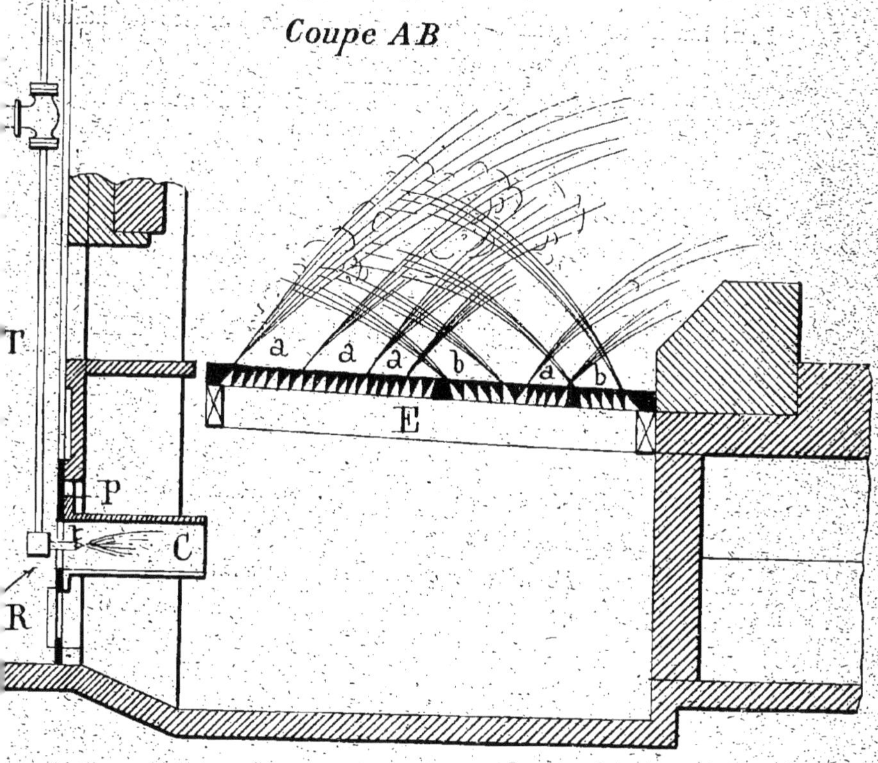

MORIN & RICATEAU

à ROUILLÉ (Vienne)

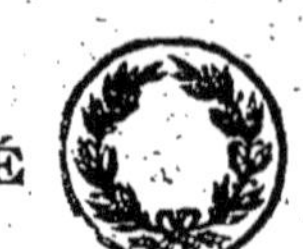

Usines à SANXAY & ROUILLÉ

Maison à La Rochelle

Médaille d'Or

Médaille d'Or

Fournisseurs de l'Armée

HUILES ET GRAISSES DE TOUTES NATURES

« **Valvoléo** » Pour cylindres et tiroirs de machines à vapeur

« **Galvoléine** » Pour organes de machines

« **Compound** »
Pour machines à grande vitesse, scieries, écrémeuses de laiteries

Oléonaphtes

**Huiles de Pieds de bœuf et de pieds de mouton
garanties pures**

Huiles animales et animalisées

Huiles d'Olive pour graissage et ensimage

Oléines

Huiles de Colza. — Huiles à démouler, etc., etc.

GRAISSES CONSISTANTES POUR MACHINES

Graisses pour voitures, charrettes et engrenages

Vaselines et huiles de Vaseline

Spécialités pour vélocipèdes

Suif épuré et suif minéralisé

Désincrustant végétal pour chaudières

Fournitures générales pour usines

Courroies cuir, Balata, Poil de chameau, coton et chanvre

**Amiante, caoutchouc, cordes à bourrages, mastics,
feutre calorifuge, graisseurs et burettes
Tuyaux caoutchouc, accessoires de courroies, etc.**

Quinquina Coca

" MONOPOLE "

Le **Quinquina** associé aux feuilles de **Coca** dans des proportions scientifiquement établies constitue le meilleur stimulant des fonctions digestives.

Composé avec des vins naturels, il est très agréable au goût.

Il est exempt d'alcool industriel.

Ses qualités reconstituantes en font un antineurasthénique énergique.

Il est surtout recommandé aux femmes et aux enfants. C'est la consommation préférée de la famille.

S'adresser à l'EXPOSITION :

A Monsieur SAULAY, Représentant

DÉPOT GÉNÉRAL

à la Grande Distillerie de l'Étoile

34, Rue du Renard, PARIS

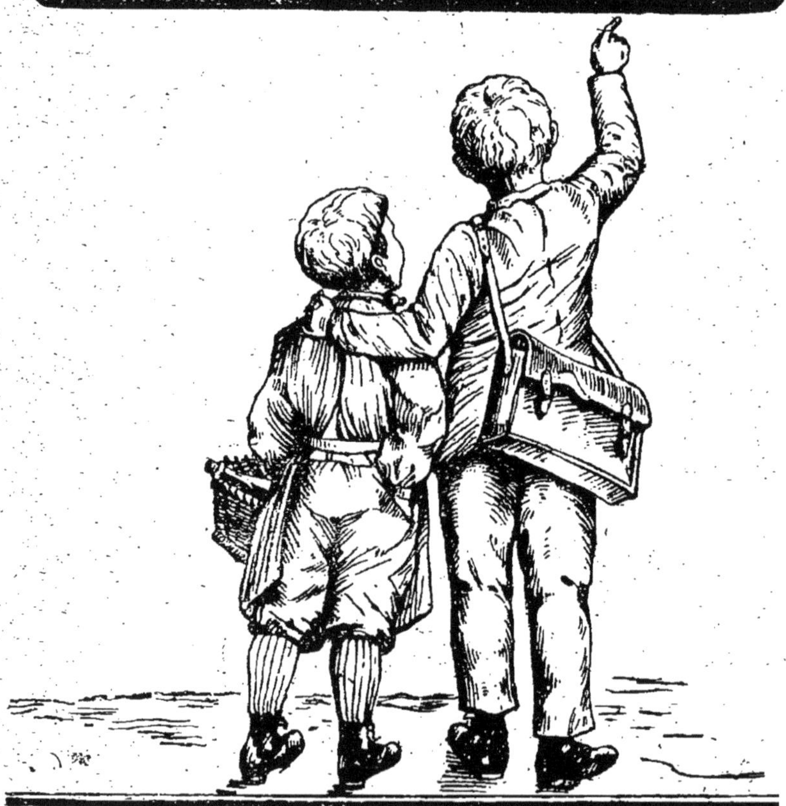

CHOCOLAT
LOMBART
TIENS VOILA LE MEILLEUR

Avis aux Pêcheurs

Les Hameçons Présidents

sont les meilleurs qui existent, ils ont obtenu deux Médailles d'or et d'argent et les félicitations du Jury aux Expositions Internationales d'*Articles de Pêche de Digne et de Bergen* (Norwège).

Les **Hameçons Présidents** sont de forme nouvelle en acier forgé à plat bronzés, de qualité Extra Supérieure, les essayer c'est les adopter; ils se font à Cran et à Palette depuis le n° 2/0 jusqu'au n° 13 assortis comme on le désire

à 0 fr. 90 c. la douzaine et 7 fr. le cent.

à 1 fr. 50 c. la douz. montés sur Racine bleutée du n° 1 au n° 13.

à 3 fr. la douzaine, 0 fr. 25 c. la pièce, les Mouches Artificielles Présidentes assorties de *25 Modèles les meilleurs qui existent sur Présidents, n° 6, 8, 10, 12,* pas d'autres.

Adresser les demandes à Alfred Viallet, Inventeur Breveté, 9, rue Lafayette, Grenoble (Isère). Président *fondateur de l'Union des Pêcheurs à la Ligne.*

La Maison n'expédie rien contre remboursement; il faut envoyer dans la lettre de demande un mandat-poste du montant de ce que l'on désire et y *ajouter 0 fr. 25 c. pour le port du paquet recommandé par la Poste.*

Les demandes de renseignements doivent contenir un timbre-poste de 0 fr. 15 c. pour recevoir une réponse avec le Tarif des spécialités d'articles de Pêche.

Se Méfier des nombreuses Contrefaçons.

LA SANTÉ A TOUS
Par l'Alimentation et l'Hygiène

Aujourd'hui c'est un fait certain que la vie humaine peut se prolonger au-delà de 100 ans, sans maladie et sans infirmité, à la seule condition de bien observer les principes d'hygiène, et de se soigner suivant les recommandations du Savant Benito del-Rio.

C'est si exact que neuf fois sur dix il suffit d'alimenter un malade avec intelligence pour le guérir. Depuis 36 ans, cette grande vérité est confirmée tous les jours par le nombre considérable des malades guéris des plus graves maladies de poitrine et des voies digestives :

Avez-vous :

Des digestions lentes et pénibles ;
Des gonflements après les repas ;
Des aigreurs et des renvois gazeux ;
De fréquents maux de tête ;
Des crampes d'estomac et de la constipation ;
La bouche amère, la langue chargée ;
Des envies de dormir après les repas ;
Un appétit capricieux, tantôt fort, tantôt nul ;
Des gargouillements de ventre ;
Un sommeil agité, une fatigue générale ;
Des points de côté et douloureux ;
De l'irritation d'estomac et d'intestins ?

C'est alors qu'il faut faire usage **du CAFÉ BARLERIN,** Hygiénique de santé

Le Café Barlerin, pris à jeun, stimule l'appétit sans irriter ; pris après le repas, c'est un digestif précieux. Son action bienfaisante sur l'estomac soulage les gastrites, gastralgies et gastro-entérites, les névralgies, les migraines, détruit la constipation. Enfin, toutes les personnes nerveuses ne doivent pas consommer d'autre café.

Se vend en boites de 1 fr. 25, 2 fr. et 4 fr.
dans toutes les principales maisons

LA FARINE MEXICAINE
du Savant Benito del Rio.

Prise sous forme de crème au lait, favorise la croissance des enfants, tout en aidant à la formation des os et la poussée des dents ; elle donne force et vigueur aux jeunes filles, aux nourrices, aux convalescents, aux personnes malades et aux vieillards épuisés.

Enfin, c'est un manger délicat pour alimenter les poitrinaires, soulager la toux, faire cicatriser les plaies des poumons et les granulations de la gorge. C'est le meilleur moyen pour guérir les affections graves de l'estomac, des bronches et des poumons.

Se vend en boites au prix de 2 fr. 25, 4 fr. et 7 fr.
dans toutes les principales maisons.

à POITIERS, Pharmacie de la Vienne, place d'Armes

COCA MOUSSEUX

TONIQUE, DIGESTIF

G. DESCHAMPS

Pharmacien de Première Classe

SAUMUR

Demandez partout **L'INDISPENSABLE**

BOISSON HYGIÉNIQUE

DESCHAMPS

GAZEUSE, BIEN SUPÉRIEURE AUX BOISSONS DE FRUITS

0 fr. 70 — la Boîte pour 50 Litres — 0 fr. 70

Cette Boisson est exclusivement composée de plantes indigènes dont les propriétés **HYGIÉNIQUES ET BIENFAISANTES** sont incontestables. **SON PRIX BIEN MODIQUE** ainsi que son goût agréable la font fort apprécier **DES CLASSES LABORIEUSES**, des usines et des écoles.

CALMEZ LA SOIF

Avec le plus Agréable et le Meilleur des Rafraîchissements

La LIMONADINE DESCHAMPS

Pour préparer soi-même et à l'instant une excellente

LIMONADE ANTISEPTIQUE ET HYGIÉNIQUE

MODE D'EMPLOI : Une cuillerée à bouche dans un verre d'eau ordinaire ou gazeuse

NOTA. — En hiver on obtient un **PUNCH DÉLICIEUX** en ajoutant une cuillerée à café de Rhum et un verre d'eau chaude

Prix : Le flacon 1 fr. 50 pour 20 verres

Se trouvent dans toutes les bonnes Maisons.

FORCE, HYGIÈNE, SANTÉ

VIN DU DR YVON

Tonique et Reconstituant

(Anémie, Influenza, Convalescence)

— Se trouve dans les Principales Pharmacies —

Savonnerie et Parfumerie du Congo

Victor VAISSIER

PARIS, 112, rue Réaumur, PARIS

Fournisseur en titre de la cour de Belgique, de S. M. le Souverain de l'Etat indépendant du Congo, de la cour de Roumanie, de S. A. le Bey de Tunis.

284 **Poudre de riz** aux violettes du Congo.
285 **Huile** aux violettes du Congo.
286 **Brillantine** aux violettes du Congo.
287 **Extrait** aux violettes du Congo.
288 **Eau de toilette** aux violettes du Congo.
289 **Lotion Vaissier** aux violettes du Congo.
290 **Eau de toilette** aux violettes du Congo.
291 **Essence du Congo**, parfum pour le mouchoir.
292 » » » »
293 » » » »
294 » » » »
295 » » » »
296 **Brillantine du Congo.**
297 **Huile du Congo.**
298 **Eau de toilette du Congo.**
299 **Poudre de riz du Congo.**

En outre, la maison Victor VAISSIER fabrique plus de mille articles de savonnerie et de parfumerie.

3 grands prix, 20 médailles d'or.

HORS CONCOURS : MEMBRE DU JURY : POITIERS 1899

Nous croyons devoir rappeler à **MM. les Viticulteurs que** :

Les Levures sélectionnées des grands crus
pures et actives de l'Institut la Claire

sont tout aussi recommandées pour les vins de marque comme pour les vins communs, dont elles augmentent toujours la **richesse alcoolique** de 1 à 2 degrés, la **finesse**, le **bouquet**, la **plus-value marchande** et en assurent la **clarification rapide**, la limpidité absolue, etc.

Les **Levures sélectionnées**, annihilant tous ferments sauvages et pathogènes des vins, les préservent de toute maladie (acescence, graisse, tourne, pousse, casse, etc.) et en garantissent la conservation parfaite.

Avec les levures sélectionnées la vinification est toujours régulière par tous les temps : 1º **années chaudes** : pas de refermentation comme il arrive pour les vins non levurés restés doux ; 2º **années pluvieuses** : fermentation rapide, vins excellents malgré les ferments naturels entraînés par les pluies ; 3º **années froides** : réussite certaine, même avec des raisins encore verts.

Le goût foxé des cépages américains, celui non moins désagréable des vignes atteintes de Mildiou, Blackrot, etc., disparaissent complètement sous l'influence des levures qui ont fait des vins d'excellente qualité.   R. DE L.

IMPORTANTE DÉCOUVERTE

Perfectionnement absolu des vins par les glucosides extraits des feuilles de vigne originaires des grands crus de marque. (Communication à l'Académie des Sciences en 1897 et le 6 février 1899.)

Avis. — La brochure donnant les résultats obtenus aux dernières vendanges est expédiée gratuitement sur demande par carte à

M. G. JACQUEMIN, Chimiste-Microbiologiste
Chevalier du Mérite Agricole.

à *MALZÉVILLE, près Nancy* (Meurthe-et-Moselle)

L'Agrandissement à la portée de tous

PAR

L'Agrandisseur Guillon

EN SIMILI-CUIR, Breveté S. G. D. G.

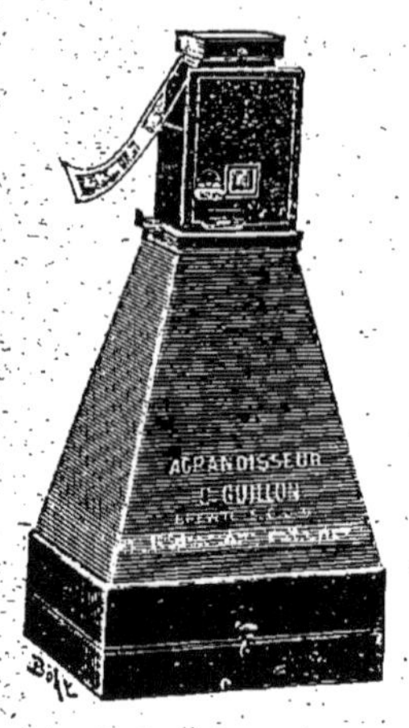

L'Agrandisseur Guillon s'adapte à tout appareil : Kodaks, jumelles, verascopes, détectives, photosphères, objectif de chambre à pied, etc.

Cela permet d'utiliser l'objectif et d'obtenir ainsi une perfection dans l'épreuve et une économie incontestée. On peut faire plusieurs formats sans mise au point et agrandir proportionnellement tous clichés petits ou grands, ainsi que les pellicules. **Impressions sur plaques ou papiers à volonté.**

C'est le complément indispensable de tout appareil photographique.

Quelques prix d'agrandisseurs pour Kodaks

Pour Pocket Kodak :

4 × 5 agrandissant en 9 × 12 ou 12 × 16............ 7 50
   —   9 × 12 et 12 × 16............ 12 »

Pour Bull' eye Kodak :

8 × 8 agrandissant en 18 × 18 ou en 18 × 24........ 15 »
   —   18 × 18 et 18 × 24........ 21 »

Pour Pocket Kodaks pliants :

6 × 9 agrandissant en 13 × 18, **12 fr.**; en 18 × 24.... 16 »
   —   13 × 18 et 18 × 24............ 21 »

Pour Bull' eye :

8 × 8 n° 2 *spécial* en 18 × 18, **15 fr.**; en 22 × 24, **18 fr.**; en 22 × 24, **25 fr.**

Sur commande et sur n'importe quel appareil ou objectif
En 13 × 18, **15 fr.**; en 18 × 24, **22 fr.**; en 13 × 18 et 18 × 24, **30 fr.**

Toutes grandeurs sur Commande à volonté
Circulaire franco sur demande

G. Guillon, rue François-de-Sourdis, 85, *Bordeaux*

CARRIÈRES du MONT-VIREUX

Les Carrières du Mont-Vireux sont situées à Vireux-Molhain (Ardennes).

Elles sont la propriété, et sont exploitées par une Société franco-belge, dont le Directeur est **M. Auguste de HOOGH**.

Le Mont-Vireux a une étendue de 22 hectares, d'un seul tenant, et une hauteur de 200 mètres. Il est très favorablement situé au point de vue des transports, ayant à ses pieds les quais de la Meuse, ainsi que la gare de Vireux où aboutissent trois lignes de chemin de fer.

Le grès quartzeux du Mont-Vireux est avantageusement connu pour sa richesse et sa puissance. Il possède la résistance du porphyre, sans en avoir le grand désavantage de s'user irrégulièrement, et de se polir à l'usage.

Il est d'une belle nuance bleuâtre, à grain fin et serré. Il est admis et spécialement recommandé pour les grands travaux publics.

GRANDE MARQUE

RHUM DES ILETS

Supérieur à tous les autres.

HORS CONCOURS — PARIS 1899
MEMBRE DU JURY

E. GÉRARDOT

PROPRIÉTAIRE-IMPORTATEUR
11, Boulevard Edgar-Quinet — Paris

Le Rhum des Ilets; pur jus de cannes à sucre, d'importation directe, sans mélange d'alcool d'industrie, a acquis par sa grande vieillesse une finesse d'arome et une saveur incomparable qui l'ont placé en tête des liqueurs de grande marque.

ADMINISTRATION ET DÉPOT CENTRAL
11, Boulevard Edgar-Quinet, Paris.
TÉLÉPHONE 710-56

DÉGUSTATION — ÉCHANTILLONS
Au Palais des Inventions — Exposition de POITIERS

MAGASIN ET ENTREPOTS
Montrouge (Seine) — Nantes (Loire-Inférieure)

LE RHUM DES ILETS

Bu	En GROG En PUNCH Dans du THÉ Dans du LAIT	EST LE REMÈDE SOUVERAIN CONTRE	Les RHUMES Les BRONCHITES Les REFROIDISSEMENTS L'INFLUENZA

Représenté par M. E. JOSSERAND, à l'Exposition

QUININE CHAMPAGNE

(Registered "CHAMQUINI" as a guarantee for Quality)

THE BEST TONIC IN THE WORLD

AWARED A DIPLOMA OF HONOUR WITH

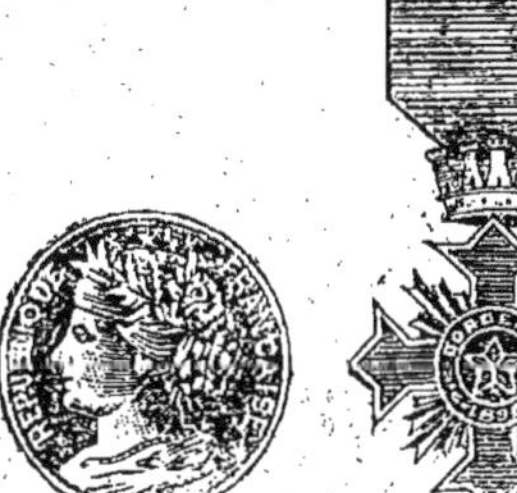
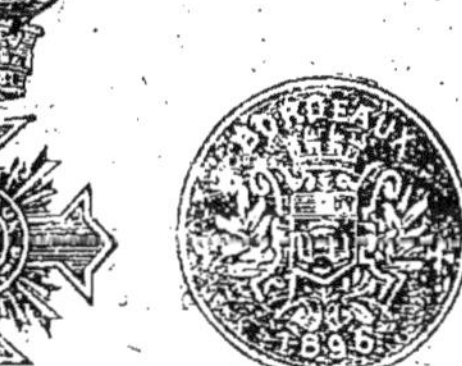

At the BORDEAUX INTERNATIONAL EXHIBITION, 1896.

Also Grand Diploma of Honour with Gold Medal and Gross at Arcachon les Bains International Exhibition, 1897.

An Excellent Beverage alone or combined with Wine or Spirit, including Champagne.

As a PICK-ME-UP — None Better. None Purer.

Recommended by Medical Practitioners as a Safe and Pure Tonic for all Seasons of the Year.

Extrait from analyst's report

" As a Temperance Drink it is practically Non-alcoholic; it is remarkably palatable, appetising, and refreshing. Although it contains a small quantity of pure sulphate of quinine, there is no " medicinal " taste; hence adults and children alike drink it whith avidity, and benefit from its tonic and sustaining properties. I certify that it is an especially pure and wholesome preparation.

(Signed) WENTWORTH LASCELLES SCOTT, Chemical and Microscopical Analyst; Life Member of the Society of A s, etc. "

MANUFACTURED ONLY BY

T. W. Lawson, Ld.

MANCHESTER   England

Plus de Maux de Dents

PAR L'EMPLOI DE LA

JACQUEMARTINE

De l'Inventeur JACQUEMART

De NAMUR (Belgique)

Guérit en cinq minutes de temps, arrête la carie, conserve la Dent et fait disparaître la mauvaise **haleine** occasionnée par la dent gâtée.

Prix du Flacon : 1 fr.; par poste, 1 fr. 25

EN VENTE

A L'EXPOSITION DE POITIERS

SOCIÉTÉ AGRICOLE ET INDUSTRIELLE
De Nantes

GERMAIN & CIE

Rue de la Tour-d'Auvergne, 47

ENGRAIS CHIMIQUES

Pour toutes Cultures

ÉPURATION DES EAUX POTABLES

Par le Filtre Magnétique

Système Alfred BROSSEAU

GAZOGÈNE

H. LANNOIS

*Appareil breveté et perfectionné en France
et à l'Étranger*

**Pour produire automatiquement au fur et
à mesure de la consommation**

Avec le **GAZ ACÉTYLÈNE**

H. LANNOIS

Il n'y a aucun danger, aucun mécanisme, aucune odeur

H. LANNOIS

Inventeur-Constructeur

à ARC-EN-BARROIS (Haute-Marne)

DRAGÉES ANTICATARRHALES

DESTRUCTION DU VER SOLITAIRE

PAR LE

TÆNIFUGE FRANÇAIS

Du Dr E. DUHOURCAU, de Cauterets (Hautes-Pyrénées).
Lauréat de l'Académie nationale de Médecine (1888 et 1894),
De l'École supérieure de Pharmacie et des Hôpitaux de Paris.
Chevalier de l'O. R. de Charles III. — Officier de l'Instruction publique.

Extrait chloroformo-huileux de Fougère mâle des Pyrénées

12 Capsules à prendre sans purgatif

Prix : 6 francs.

Remède exclusivement végétal, agissant seul et sans purgatif, le plus
commode, le plus sûr et le plus inoffensif des tænifuges.

Adopté par les Ministères de la Marine et des Colonies, par les Hôpitaux de Paris, etc.

Médailles aux Expositions de Lyon (1894), Bordeaux (1895), Bruxelles (1897)

MÊME PRODUIT POUR LA MÉDECINE VÉTÉRINAIRE

Flacon de 8 capsules. Prix : 6 fr.

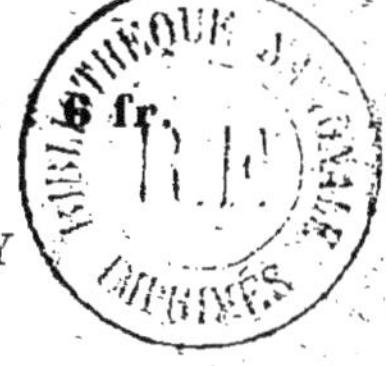

A Poitiers, Pharmacie PUY

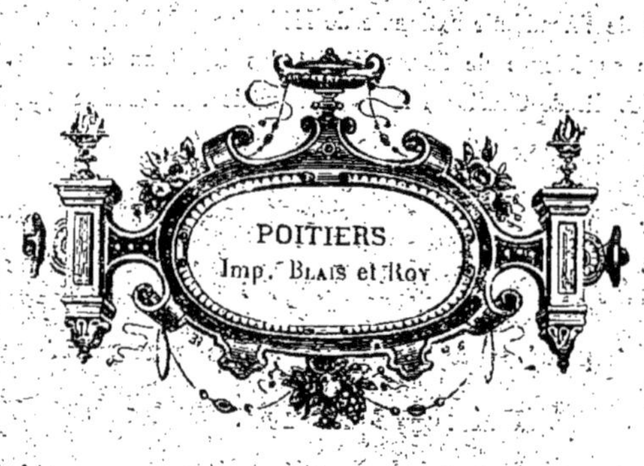
POITIERS
Imp. Blais et Roy

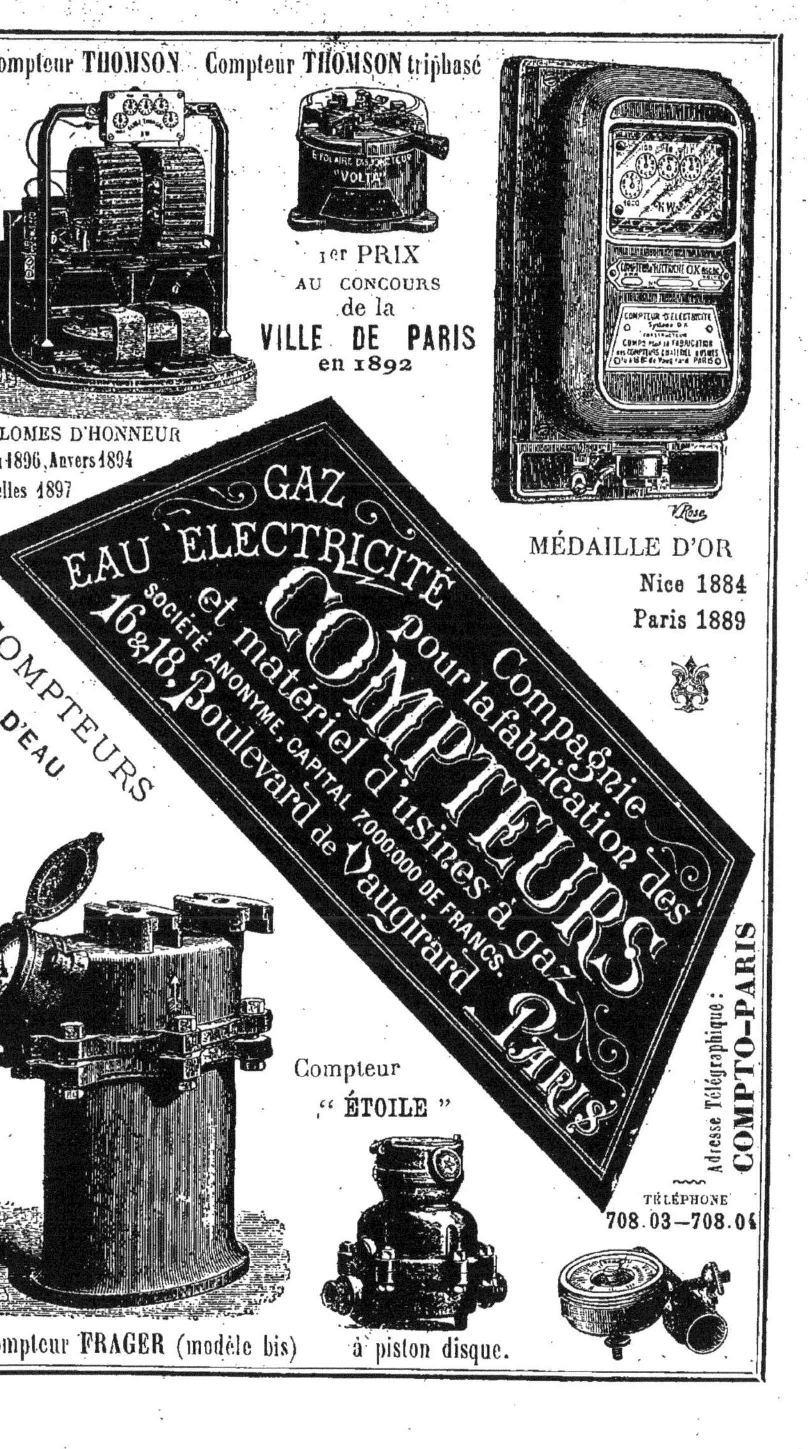

Compteur THOMSON
Compteur THOMSON triphasé
1er PRIX
AU CONCOURS
de la
VILLE DE PARIS
en 1892
DIPLOMES D'HONNEUR
1896, Anvers 1894
Bruxelles 1897
MÉDAILLE D'OR
Nice 1884
Paris 1889
COMPTEURS
D'EAU
GAZ — EAU — ÉLECTRICITÉ
Compagnie pour la fabrication des
COMPTEURS
et matériel d'usines à gaz
SOCIÉTÉ ANONYME, CAPITAL 7.000.000 DE FRANCS.
16 & 18, Boulevard de Vaugirard — Paris
Adresse Télégraphique :
COMPTO-PARIS
TÉLÉPHONE
708.03 — 708.04
Compteur
" ÉTOILE "
Compteur FRAGER (modèle bis)
à piston disque.

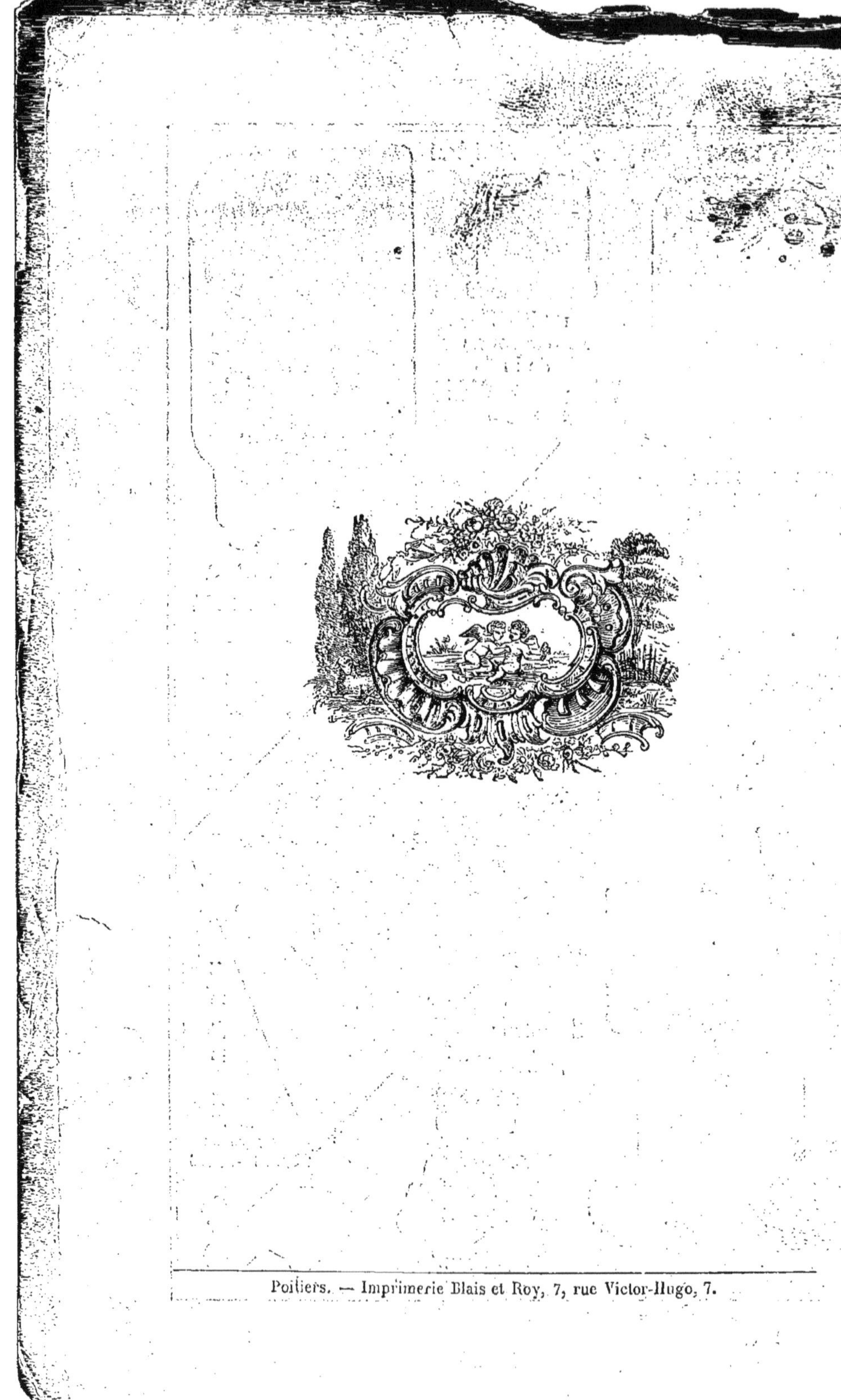

Poitiers. — Imprimerie Blais et Roy, 7, rue Victor-Hugo, 7.